학산 수상집

산다는 것은

이상규 지음

법문사

학산 수상집 ―
산다는 것은

지은이 • 이상규
펴낸이 • 배효선
펴낸곳 • 도서출판 법문사
등록 1957년 12월 12일 제2-76호
주소 413-756 경기도 파주시 교하읍 문발리 526-3
www.bobmoonsa.co.kr   E-mail: bms@bobmunsa.co.kr
전화 031-955-6500-6   팩스 031-955-6525
조판 l 대경문화사   인쇄 l 신도인쇄사
초판 1쇄 2009년 4월 8일
ⓒ이상규, 2009
값 12,000원
ISBN 978-89-18-00064-0

• 저자와 협의하에 인지 생략함
• 잘못된 책은 바꿔드립니다.

머 리 말

세월이 빠르다고 하지만
이처럼 빠른 것인 줄은 미처 몰랐다.
하기야, 세월이 가는지
내가 가는지 분명치는 않지만
세월 자체는 언제나 그 세월임에 틀림없으니
변해 가는 것은 '나'인 것 같다.

이 육신肉身을 이루고 있는 헤아릴 수 없이 많은 수의 세포들은 한 때도 쉬지 않고 매 순간 수십만 개가 죽고 또 새로 생겨나는 과정을 계속하고 있으니, 이 몸은 순간순간 변하고 있는 것이 틀림 없다. 이런 과정을 자그마치 80년 가까이 보내다 보니, 흔히 말하는 희수喜壽의 나이가 되었다.

나는 그동안 세속의 법을 생업으로 삼아 살아오는 과정에서 기회 있을 때마다 나름대로의 연구결과를 집성集成한 책을 펴냈고, 그 가지 수도 열 손가락으로 꼽을 만큼 된 것 같다. 그러나 먹어치운 떡국 그릇 수가 늘어나고, 정작 갑년甲年을 맞으면서 '나'라는 것에 대한 의문이 깊어지고, '산다는 것'을 반추反芻하는 기회가 늘어났다. 그것은 자연스레 붓다의 가르침에 대한 공부를 가속화시켰고, 결국 흔히 소승小乘이라고 폄하貶下하던 초기경전에서 나름대로의 마음 둘 곳을 찾은 셈이다. 초기경전에는 붓다의 생생한 가르침이 그대로 배어있고, 그 진솔함은 읽는 이로 하여금 시대를 거슬러 붓다의 진음眞音을 오롯이 느끼게 하기에 충분하다. 나는 초기경전인 아함경을 대하게 되고 그에 대한 공부에 열중할 수 있게 된 것을 큰 인연의 소치로 본다. 지금만 해도 아함경에 대한 관심이 제법 높아지고 그에 관한 저작물도 꽤 많아졌지만, 아함경에 대한 관심이 비교적 적었던 근 20년 전에 누구의 조언도 없이 아함경의 한역본漢譯本을 덥석 잡아들었으니 말이다. 그러는 과정에서 내 나름의 생각을 담은 글을 이것저것 적어보았고, 또 신문이나 잡지의 청탁에 따라 두서頭序없는 글을 싣기도 했다.

이 작은 책자는 내가 살아오면서 나름대로 생각했던 일들을 단편적으로 적어두었던 것을 정리한 것이다. 사람의 생각은 긴 글 보다는 적당히 짧은 글로써 보다 더 적절히 표현할 수 있다는 점에서, 이 수상집隨想集은 어쩌면 나의 생각을 고스란히 담아낸 것일 수도 있다. 1부는 기회 있을 때마다 스스로의 생각을 그려 본 글을 모은 것이고, 2부는 주로 월간 불광과 법보신문에 일정 기간 연재連載했던 칼럼을 모은 것이며, 3부는 법률관계 잡지 등의 청탁에 의해서 써낸 시론時論이나 권두언 등 가운데서 뽑은 것으로 채웠다. 따라서 읽는 분의 입장에서는 순서가 따로 있지 않으므로 마음이 가는 제목을 찾아 읽으시면 될 것이다. 원래 필재筆才가 둔한 사람의 글인지라, 읽는 분들에게 누가 되지나 않을지 걱정이다.

여러 모로 어려운 시기에 이 보잘 것 없는 책의 출판을 여느 때처럼 흔쾌히 맡아주신 법문사 배효선 사장에게 진심으로 감사드리며, 이 책의 편집에서 장정에 이르기까지 일체를 손수 맡아 보신 최복현 전무와 관계자 여러분의 노고에 고마움을 전한다.

2009. 3

학 산 이 상 규 합장

차 례

제1부 충만한 무소유

난蘭을 가꾸며 • 13
엽락귀근葉落歸根 • 16
파도 • 19
충만한 무소유 • 22
분별의 병 • 26
명사산에 올라 • 30
불청객 황사는 인재 • 33
왜 사는가 • 36
비워야 들어간다 • 39
진실은 언제나 거기에 그대로 있다. • 42
경칩 추위 • 45
우산 속의 산행 • 48

산다는 것은 • 51
인연으로 빚어진 것 • 55
뜨는 해와 지는 해 • 58
마음이란 놈이 • 61
그 아름다운 밤하늘 • 65
'나' 아닌 '우리'의 삶 • 67
1초의 여유 • 70
늙음의 보람 • 73
불도佛徒가 되고 싶다 • 76
있는지 없는지 • 79
난蘭의 매력 • 82
탁발托鉢의 교훈 • 85
웰빙 • 88
조화 속에 질서가 있다 • 91
어제, 오늘, 그리고 내일 • 94
신묘한 얼굴 생김 • 97
지구 최후의 날 종자은행 • 101
독불장군은 없다 • 104
신기루를 쫓는 사람 • 108
웰다잉 • 110
지렁이는 땅속이 답답하지 않다 • 113
귀한 것은 잘 보이지 않는다 • 116
불탄절을 맞는 감회 • 119
사람의 힘, 아잔타 석굴 • 123
사막에 핀 연꽃, 태고사 • 127
세계에서 가장 큰 불교사원, 보로부두르 • 131

제2부 세월이 가는가, 내가 가는가

남대문아! 네가 죽다니 • 137
우연은 없다 • 140
구원은 스스로 얻는 것 • 143
고정된 것은 하나도 없다 • 146
윤생輪生의 진리를 깨달아야 • 149
생자필멸인데 서둘 일이 뭐있나 • 152
더 늦기 전에 발심發心하자 • 155
불확실한 시대에도 확실하게 살자 • 158
잘 나갈 때 절제하고, 만족할 줄 알아야 • 161
생겨난 것은 모두 변하고 소멸한다 • 164
중도中道의 미덕을 지키자 • 166
혀는 왜 하나일까 • 168
알면 행해야 • 171
오직 자등명自燈明과 법등명法燈明을 따를 뿐이다 • 175
겉보다 속을 더 가꾸자 • 177
본래부터 있는 것이 아니니, 집착하지 말자 • 179
뉘우치고 참회하는 공덕 • 181
욕심을 줄이고 만족할 줄 알자 • 183
어울려 살아야 행복해진다 • 185
기도에 앞서 삼행三行을 바르게 하자 • 187
교만을 버리자 • 189
오직 이 순간이 있을 뿐이다 • 191
남을 돕는 것이 곧 나를 돕는 일이다 • 193
세월이 가는가, 내가 가는가 • 195

실없이 구업口業을 짓지 말자 • 198
검음이 있어 흰 빛이 눈에 보인다 • 201
본래 '내것'은 없다 • 204
물건을 아끼되, 탐착하지 말자 • 207
무명無明을 벗어나 마음을 열어야 • 210
교만을 털어내야 • 213
무상하니 매달리지 말자 • 216

제3부 사고의 대전환

정론직필正論直筆로 세상을 밝혀야 • 221
관官이 변해야 한다 • 224
말보다 행동으로 환경을 지키자 • 228
누가 감히 헌법질서를 짓밟는가 • 232
세계인권선언 －Article 19 • 235
기여금 입학 유감 • 239
사학에 학생선발권 되돌려 줘야 • 242
사고思考의 대전환 • 246
자연과 어울려 사는 지혜 • 250
염치 없는 공직 • 254
바람직한 교육개혁 • 259
구조조정은 행정기구부터 • 263
21세기를 맞는 법조法曹 • 267

글을 맺으며 • 271

제1부

충만한 무소유

난蘭을 가꾸며

가꾼다는 것은 즐거운 일이고 뜻있는 일이다. 나는 이것저것 가리지 않고 가꾸는 것을 무척 좋아한다. 특히 농촌에서 자란 나로서는 푸르름이 빽빽이 들어선 산이며, 널따란 뜰에 둘러선 산수유·감·대추나무들, 그리고 대문을 나서면 지척에 널려 있는 논밭 등에 대한 향수가 없을 수 없다.

각박한 도시생활에서 시달림이 더해 갈수록 그것이 더욱 짙어진다. 그래서 나는 손바닥만한 뜰에 푸르름을 입혀 보려고 잔디도 깔아보고 틈나는 대로 이 나무 저 나무 할것없이 심어 보았다. 그러다 보니 이제는 나의 서재에 버금가는 답답한 곳이 되고 말았다. 그래서 궁리해낸 묘방妙方이 바로 자리를 많이 차지하지 않으면서 가꿀 수 있는 것으로 난을 택했다.

난은 일찍부터 사군자四君子의 하나로 선비들의 사랑을 받아왔고, 그 청초하고도 우아한 꽃은 다른 화초들이 감히 흉내도 내지 못한다. 이런 저런 이유가 합쳐져서 몇년 전부터 난을 기르기 시작한 것이 이제는 제법 분수盆數도 늘게 되었다. 실상 내가 난에 손을 대게 된 것은 문외한의 용기에서였는지도 모른다.

난을 기르는 것의 어려움을 나타내는 말로 '물주기 3년'이란 말이 있다는 것도 뒤늦게 알았다. 3년쯤의 경험을 쌓은 뒤에야 비로소 난을 기르는 요령을 터득할 수 있다는 뜻이다. 그러니 풋내기 내가 두 세 분의 난을 죽인 데에 그친 것은 정말 행운이었는지도 모른다. 아무튼 애써 구한 몇 분의 난을 놓고 아침 저녁 들여다보고 물을 주고 하다보니 마치 내가 난에 대하여 조석문안을 드리는 것같은 꼴이 되고 말았다. 나도 모르는 사이에 난에 심취하게 된 것이다.

난은 다른 화초와는 다른 많은 특징을 지니고 있다. 우선 탐貪하지 않는 것이 그 으뜸이다. 일반적으로 화초는 기름진 흙을 좋아하고 거름을 탐한다. 그러나 난은 거름은 고사하고 기름진 흙도 싫어한다. 깨끗이 정선된 왕모래에 실뿌리 하나 없는 오동통하고 해맑은 뿌리를 내리고 산다. 물도 분수 이상으로는 취하지 않는다. 가위 청빈 그것이라고 할 수 있다. 잎도 결코 무성하지 않으며, 가지도 멋대로 뻗지 않는다. 오직 조촐한 가운데 고고한 기품을 발산할 뿐이다.

난의 꽃은 청초와 우아의 극치라고 해도 지나침이 없을 것이다. 그 어디를 보아도 풍만하거나 화려한 티는 찾아볼 수 없다. 그러니 난을 기른다고 해야 손에 흙 하나 묻힐 것이 없고, 욕심을 부려보려고 해도 통하지 않으니 오직 묵묵히 정성을 다하고 기다릴 수밖에 없다. 여기에 우리는 난의 내면성內面性을 엿볼 수 있고, 일찍이 난을 사군자의 으뜸으로 꼽게 된 바탕도 이런 데에 있지 않은가 싶다. 난의 모습은 미적인 조건을 갖춘 화초에 대한 편력을 다한 뒤에 도달하고 열리는 하나의 경지라고 할 수 있겠다.

문화가 발전된 나라에서는 평면상의 가지가지 형태를 사회생활의 모든 영역에 응용하고 있기 때문에, 사물을 본다거나 느끼는 인간의 능력도 비상하게 고도화되고 있다. 그래서 외면적인 미관을 넘어 난처럼 표면적 미가 적은, 말하자면 정신성의 내장內藏에 의한 개성적인 화초에 대하여 깊은 이해와 취미를 느낄 수 있다는 것은 아전인수일지는 몰라도 스스로 탁견을 가질 수 있게 된 것과 같은 환각이 들기도 한다.

서구에서는 화초에서 내면성을 추구하는 것과 같은 기풍은 별로 찾아볼 수 없다. 꽃은 꽃, 그래서 마치 아름다운 여인의 모습을 대하는 것과 같이 시각적으로 아름답고 취각에 상쾌하고 황홀함을 안겨주는 것으로 족하다. 따라서 꽃을 기르는 것도 크고 탐스러운 것을 앞세우고 공동의 즐거움이나 여유의 표현으로 쓰이는 경향이 많으며, 난의 경우처럼 과묵하고 외면적으로 화려함이 적은 화초, 그러나 독특한 청아함과 품격을 지니고 있는 내면세계를 추구하고 인간수양의 거울로 삼는 것과 같은 예는 흔치 않다. 오늘도 난을 들여다 보고 있노라니 문득 난을 가꾼다는 것은 난보다는 오히려 나 자신을 가꾸는 것이라는 느낌이 든다.

엽락귀근 葉落歸根

　더위를 견디느라 에어컨이나 부채를 찾던 것이 엊그제의 일 같은데, 어느덧 제법 싸늘한 늦가을이 되었다. 계절의 변화에는 어김이 없음을 보여주는 예이다. 가을은 먼저 눈과 귀로 오고 몸에 와 닿는다. 녹음을 자랑하던 나무의 푸른 잎은 낙엽의 채비를 하느라 붉은 빛이나 노란빛 등으로 그 빛깔이 변하고, 매미들의 구성진 울음소리는 귀뚜라미가 그 자리를 물려받았다. 아름다운 빛의 단풍이 눈에 들어오고, 귀뚜라미 소리가 귓전을 울리면 벌써 몸은 싸늘한 날씨를 느끼게 된다.

　그러나 뭐니뭐니해도 가을을 가장 실감나게 하는 것은 단풍과 낙엽이라고 할 수 있다. 사람들은 단풍의 아름다운 빛깔을 즐기면서 가을의 감상에 젖기도 하고, 세월의 빠른 흐름을 탄식하기도 하지만, 단풍든 잎들로서는 여간 괴로운 일이 아닐 수 없을 것이다. 사실 푸르름을 자랑하던 나무 잎들은 가을이 되면서 날씨가 싸늘해지고 일조시간日照時間이 짧아지면서 동화작용同化作用이 둔해지면 엽록소가 부족해진 탓으로 잎 속에 간직된 노랑 또는 붉은 빛이 드러나게 된 것 뿐이며, 그것은 또한 낙엽이 멀지 않음을 알리는 것이기도 하다. 결국 잎의 한 생을 마치는 노사老死의 단계라고 할 수 있겠다.

엽낙귀근葉落歸根이라는 말이 있다. "잎은 떨어져 뿌리로 돌아간다"는 말이다. 잎이 한 해의 생을 마치고 싸늘한 가을바람에 흔들려 나무 밑에 떨어지면 그곳에서 썩어 바로 뿌리로 돌아가 그 나무를 보다 충실하게 키울 수 있는 영양분 구실을 한다는 뜻이다. 그러니 낙엽은 잎의 종말이 아니라 오히려 보다 훌륭한 출발을 위한 준비라고도 할 수 있다.

그런데 이 엽낙귀근을 막는 안타까운 현상이 사람의 손에 의해서 도처에서 벌어지고 있으니 한심한 일이 아닐 수 없다. 규격화된 사람의 시각을 채우기 위해서 가로수 밑을 번질하게 시멘트로 발라버리는가 하면, 낙엽이 되기가 무섭게 깨끗이 쓸어다가 모두 태워버리니 떨어진 잎이 뿌리로 돌아갈래야 돌아갈 길이 없어진 것이다. 안타깝기 짝이 없는 일이다. "낙화인들 꽃이 아니랴"는 말도 있지만, 그냥 두고 보다가 나무 밑을 파고 묻어주어도 좋지 않은가? 말못하는 낙엽에 대해서 큰 죄를 지은 것 같다. 낙엽이 뿌리로 돌아갈 길을 막아버린 사람들은 그래도 한치의 양심은 있어서 뿌리 둘레에 약간의 비료를 묻어준다. 그러나 사람이 묻어준 비료가 어디 제 잎이 썩어서 돌아오는 자연스런 양식만 하랴. 그래서 도시의 나무들은 성장이 더디고 활기가 없다. 마치 자연식을 외면한 채 주로 인스턴트 식품에 의존하는 사람의 몰골과 비슷하다.

사람은 자연속에서 자연과 더불어 살아왔고, 또 앞으로도 그래야 한다. 아무리 과학과 기술이 발달한다고 해도 사람만으로는 살아갈 수 없다는 것은 우주의 진리이다. 사람은 맑은 공기와 물 없이는 생명을 유지할 수 없고, 헤아릴 수 없이 많은 식물과 동물을 섭취하면서 살아간다. 어디 그뿐인가. 푸른 나무와 맑은 강물 없이는 삭막하여 살아갈 수 없는 노릇이다. 우주 만물은 서로 도우면서 함께 살아가게 되어 있는 것이다. 너무 늦기 전에 이 자연의 법칙을 이해하고 지키도록 노력해야 할 일이다.

파도

나는 바다를 퍽 좋아한다. 바다에는 쉴새 없이 일렁이는 파도波濤가 있고, 말로 다할 수 없는 신묘한 빛깔이 있을 뿐 아니라 멀리 수평선 너머까지 시원스럽게 툭 트여 있기 때문이다. 파도는 밤낮 없이 한 때도 쉬지 않고 일렁이지만 늘 그 모습이 다르다. 때로는 성난 들소의 질주疾走와도 같고, 때로는 비단결 같은 부드러움을 느끼게 하는가 하면, 때로는 잘 어울리는 박자拍子에 맞추어 덩실덩실 춤을 추는 것도 같다.

파도는 그 모습뿐만 아니라 소리가 더욱 매력적魅力的이다. 심장의 고동소리를 연상聯想시키는 파도소리는 밤이나 낮이나 더위나 추위에 아랑곳 없이 한 때도 멈추지 않고 꾸준히 울려온다. 규칙적으로 밀려왔다가 빠지는 파도소리는 바로 우주宇宙의 '리듬' 그것인 것같다. 무심無心히 앉아 멀리 깔린 수평선을 바라보면서 파도소리에 젖어들면 어느덧 파도소리에 빨려들어 한덩이가 되어

버린다. 파도소리가 내 심장의 고동소리에 끌린 것인지, 심장의 고동소리가 파도소리에 빨려든 것인지조차 분간하기 어려워진다. 그러나 파도를 한 꺼풀만 벗기고 보면 고요한 바다 속이다. 그곳은 수행修行이 잘된 선사禪師의 마음자리와도 같이 아무런 흔들림도 없고 거칠 것도 없는 고요한 바다 속일 뿐이다. 바다의 참 마음이 그곳에 있는 셈이다.

바다에서 특히 인상적印象的인 것은 모든 것이 잠들고 고요만이 가득한 밤중에 들려오는 파도소리다. 쉴새 없이 밀려왔다 밀려가는 파도소리는 자장가처럼 마음을 편하게 해주는가 하면, 때로는 탐욕스런 인간에게 불호령을 내리는 듯하여 섬뜩하여지기까지 한다. 아무튼 파도소리는 분명히 살아 움직이는 지구地球의 숨소리인 듯하다.

금방이라도 발밑까지 파도가 밀려들 듯한 백사장에 쪼그리고 앉아 밀려왔다가 부서지는 파도를 무심히 바라보고 있노라면, 파도는 어느덧 '나'라는 존재는 물론 시간의 흐름까지도 삼켜가 버린다. 우주의 '리듬'과 내 '리듬'이 하나가 되어 삼매경三昧境에 든 듯한 야릇한 느낌마저 들게 한다. 이야말로 파도의 묘미妙味임에 틀림없다.

오늘도 창가에 앉아 멀리 내려다 보이는 바다를 쳐다보며 끊임없이 철썩거리는 파도소리에 젖어들면서 이상한 생각에 잠겨들었다. 무식無識의 소치所致겠지만 지구는 분명히 둥근 모양을 하고 있는데 어찌하여 바닷물은 흘러 버리거나 넘치지 않고 그대로 유지되면서 계속하여 파도치고 있을까? 물론 과학적으로는 달과 지구의 인력引力 때문이라고 간단히 설명하겠지만 선뜻 납득이 안간다. 그 엄청난 양의 바닷물을 붙들어 매놓을 정도의 인력引力이라면 그 인력이라는 것의 괴력怪力은 과연 어느 정도나 되는 것일까? 차츰 의문이 더하여 가던 끝에 다달은 곳은 "우주의 섭리攝理"라는 막연한 답이다. 결국 파도소리는 살아 움직이는 지구의 숨소리이고, 파도는 우주의 섭리에 따른 율동律動인 것 같다.

    내가 매년 정초正初가 되면 으레 제주도를 찾는 것도 어쩌면 지구의 숨소리에 젖어들면서 태고太古로부터의 신비神秘를 간직한 파도의 매력에 빠졌기 때문인지, 아니면 애써 한 해의 출발을 지구의 숨소리와 함께하는 의미를 맛보기 위함인지 모르겠다.

충만한 무소유

오늘은 모처럼 도봉산을 올랐다. 산길에는 벌써 낙엽이 쌓이고 헐벗기 시작한 나무들은 겨울채비라도 하듯이 몇 잎 남지 않은 잎들을 마구 떨구고 있다. 감기기를 무릅쓰고 도봉산을 향한 것은 오랜만에 원공圓空스님을 찾아뵙기 위해서였다.

선인봉을 향해서 한참을 올라가려니까 멀리서 목탁소리가 은은하게 들려오면서 천축사가 가까웠음을 알려주었다. 도봉산 길은 등산을 즐기던 30여년 전에 자주 다니던 곳이라서 낯설지 않을 뿐만 아니라 무척 정답게 느껴졌다. 등산길을 좀 다듬어 놓은 것을 빼고는 거의 옛 모습 그대로였다. 집채같은 바위덩어리, 아름드리 참나무와 졸졸 흐르는 개울이 모두 그곳에 있었다.

천축사에서는 사시巳時불공이 한창이었다. 법당에 들러 예불을 마친 다음 곧장 무문관無門關에로 원공스님을 찾았다. 인기척조차 없이 조용한 무문관의 뒤로 돌아 조그마한 외짝 문을 노크하니 안에서 스님의 목소리가 들리면서 문이 열린다. 예나 같은 모습의 스님은 우리를 반갑게 맞으시면서 큰절을 하려는 우리를 한사코 만류하고 서로 반배半拜로 끝내자고 하신다. 거추장스런 일은 쑥스럽고 싫다는 것이다. 할 수 없이 반배를 한 다음 앉으려니까 스님께서는 대추차를 끓여놓았다고 하시면서 부엌 아닌 부엌으로 나가시더니 커다란 주전자 하나와 컵 세 개를 들고 오시는 것이 아닌가. 그런데 그 컵이란 것이 하나는 스테인레스로 된 등산용 컵이고, 다른 두 개는 종이컵이다. 스님은 손수 주전자를 들고 종이컵에 대추차를 딸아 주시면서, 종이컵을 한번 쓰고 버리는 것은 아깝지만 여러 사람들이 마시는 컵을 그대로 돌릴 수도 없어서 손님에게만은 종이컵을 내놓는다는 것이었다. 그 분의 성품대로다.

불가佛家에서는 무소유無所有의 마음가짐을 강조하지만, 특히 출가승出家僧의 경우는 무소유의 규범이 강하여 삼의일발三衣一鉢이라는 말이 있을 정도이다. 즉 '옷 세 벌과 발우 하나면 족하다'는 뜻이다. 탁발托鉢도 무소유의 관념과 연관된 것이다. 가진 것이 많으면 그것들을 챙기고 간수하느라 그에 매이게 되고, 나아가 갖게 되면 더 가지려는 마음이 생겨 수행에 걸림이 된다는 것이다.

원공스님의 방은 문자 그대로 무소유를 보인 수행승修行僧의 거처였다. 네평반쯤 되어 보이는 방은 모든 벽과 천장이 한지로 정결하게 도벽이 되었고, 그 방안에는 손수 짠 엉성한 침상 하나와 볼만한 책 몇 권을 올려놓은 책상(?) 하나가 전부였다. 그 책상이라는 것도 이름을 붙이자니 책상이지, 나무 몇 토막을 이어서 만든 것이다. 그 나무토막 책상에 쓸 의자가 따로 있는 것도 아니고, 침상에 앉으면 그것이 곧 의자인 셈이다. 그 흔해빠진 벽걸이 시계 하나가 없고, 심지어 달력조차 걸려 있지 않다. 해가 뜨면 아침이고 해가 지면 저녁이지, 구태여 날짜와 시간을 셈하면서 그것에 매일 것이 없다는 것이다. 단촐하기 짝이 없는 속에서 오히려 충만감 같은 것을 느낄 수 있게 한다.

그런데 얼마 지나지 않아 무소유의 참모습을 볼 수 있게 되었다. 시간이 열두시 반쯤 되자, 스님은 점심 준비를 할테니 함께 먹고 가라는 것이다. 그러면서 보살 한 분이 시골에서 올라오면서 집에서 띄운 청국장을 가져 왔는데 그것을 끓여보자고 하시면서 부엌 아닌 부엌으로 나가신다. 같이 간 내자內子가 함께 따라 나섰다. 부엌이래야 한 쪽에는 수세식 변기가 있고, 그 반대편에 취사도구가 몇 개 놓인 것이 전부이다. 그러니 그곳은 화장실이면서 부엌인 셈이다. 얼마를 기다렸을까. 스님은 밥이 다 되었다고 하시면서 압력밥솥채 들고 들어오시고, 그 뒤를 따라 내자는 청국장을 끓인 냄비와 김치주발을 들고 왔다. 그런데 막상 놓여야 할 밥상이 보이지 않는다. 내가 의아해 하는 눈치를 채신 스님께서는 밥상도 거추장스러워 없애버렸다는 것이다. 물론 밥그릇과 국그릇도 따로 없다. 스테인레스로 된 사발에 밥을 뜨고, 거기에 청국장 찌개와 김치를 얹어서 먹으면 되는 것이다. 그렇게 하여 셋에서 세상 돌아가는 이야기에 젖으면서 풍성한 점심을 든 것이다. 그런데 이상한 일은 그렇게 먹은 점심이 그처럼 맛이 있을 수가 없었다는 점이다.

모든 것은 마음이 만든다고 하지만, 그 뜻을 참으로 실감할 수 있는 좋은 기회였다. 가진 것에 매이지 않고, 가질 것에 마음을 쓰지 않는 가운데, 마음의 평안이 가득한 것 같다. 입으로는 쉽게 '무소유'를 말하지만, 실제로 무소유를 실천하기란 쉬운 일이 아니고, 그런 예를 보기도 쉽지 않다. 원공스님의 처소에서 참된 '무소유'가 무엇인지를 볼 수 있었다.

분별의 병

인간은 너 나 할 것 없이 모두 행복하고 보람있는 삶을 추구하며 살고 있다. 그런데 사람들은 생활을 계속해 가는 가운데 모든 일에 분별을 앞세우고, 스스로 한 분별을 둘러싸고 집착과 갈등을 일으키며 그것들은 곧 번뇌로 이어진다. 아무 말 없이 지나가는 여인을 보고 혹은 매우 아름답다고 생각하여 말이라도 걸어 보았으면 하는 충동을 느끼는 사람이 있는가 하면, 같은 여인을 가리켜 마치 못생긴 표본이나 되는 것처럼 머리를 돌리는 사람이 있다. 어떤 사람은 둥근 얼굴을 좋아하고, 어떤 사람은 갸름한 얼굴을 선호한다. 소리의 경우도 마찬가지이다. 어떤 사람은 재즈를 소란스럽다고 멀리 하는가 하면, 어떤 사람은 클래식만 들으면 잠이 온다고 한다. 입맛이나 냄새의 경우는 더욱 차이가 심하다. 같은 대상을 놓고 각자의 주관적이고 자의적인 분별을 하고, 그 분별이 자기에게 좋은 것이면 곧 그에 매달리고, 만일 분별의 결과가 싫은 것이면 바로 배척하고 갈등을 일으킨다. 여기에 번뇌의 씨앗이 눈을 트게 된다.

분별과 변덕의 극단적인 예는 바로 우리 자체에서 엿볼 수 있다. 아주 맛이 좋고 귀한 것이라고 해서 애써 구해 온 과실을 한 입 씹어 목을 넘기고 나면 그 다음에는 언제 그랬느냐는 듯 태도가 표변한다. 자기가 좋아서 넘긴 음식물이 1미터 남짓한 자기의 몸속을 통과해 오면 그것이 마치 불결의 대명사나 되는 것처럼 멀리하고 더러워한다. 이 이상의 변덕이 또 어디에 있겠는가? 어디 그 뿐인가? 인도에서는 쇠똥을 거두어 손으로 마치 우리의 빈대떡 모양으로 만들어 집의 벽에 붙여 말린 다음 연료로 사용한다. 그러면서도 정작 자기 자신이나 사람의 배설물은 멀리한다. 이 무슨 해괴한 분별이란 말인가! 번뇌의 씨앗이라고 할 수 있는 분별이라는 것이 얼마나 주관적이고 제멋대로 이루어진 것인지를 짐작하게 한다.

분별은 언제나 상대 개념을 전제로 하지만, 분별의 대상은 하나일 뿐이고 언제나 그대로 있을 뿐이다. 그저 그대로 있는 대상을 놓고 사람들이 제멋대로 분별하고, 그 분별에 따라 스스로 반응을 일으키고, 그 반응에 따라 집착하거나 혐오한다. 중국의 삼조三祖 승찬僧璨의 신심명信心銘에는 생사, 선악, 명암明暗, 애증愛憎, 시비, 미추美醜 등 40개의 상대어가 나온다. 이들은 모두 사람이 분별하고 개념지은 것들로, 사람들은 이들이 서로 융합될 수 없는 양극인 것처럼 생각하며 울고 웃는다. 그러나 잘 챙겨보면, 이들은 서로 상대적인 것일 뿐만 아니라, 동전의 양면과 같은 것으로 실체는 하나이다. 하나의 실체를 놓고 사람들은 제멋대로의 환영幻影을 그려놓고, 그에 집착하거나 증오하며 번뇌를 거듭한다. 그러니 알고 보면 번뇌는 밖에서 온 것이 아니요, 누가 안겨준 것도 아니며, 오로지 자기 스스로 만들어 낸 것에 불과한 것임을 알 수 있다. 그리고 보면 우리 인간이 그 속에 깊이 빠져 헤어나지 못하고 있는 번뇌의 증세는 바로 분별병分別病이라고 할 수 있다. 이 병은 밖에서 온 것이 아니고, 스스로의 마음이 만들어낸 것에 불과하다. 일체유심조一切唯心造이다. 널리 알려진 이야기이지만, 성철스님은 "산은 산이요, 물은 물이다"라는 말을 남겼다. 누가 산을 모르고, 물을 모르느냐고 비아냥거리는 사람도 없지 않지만, 몰라도 한참 모르는 소리다. 성철스님의 말씀은 분별하지 말고, 있는 그대로 보라는 뜻이다. 마음에 끼운 색안경을 벗어던져 덧칠하지 말고 있는 그대로 보라는 것이다.

하기야 사람의 육신 그 자체가 이원적二元的으로 되어 있으니, 그 육신의 주인이 분별을 뛰어넘기란 쉬운 일이 아닐 것이다. 우리의 몸을 이루고 있는 눈, 귀, 콧구멍, 목구멍, 손, 다리, 콩팥, 폐, 혈관 등이 모두 두 개씩이고, 이는 우리 육신의 이원성을 나타내는 것이라고 할 수 있다. 그러나 이들 쌍雙은 서로 배척하는 것이 아니라 균형을 도모하기 위한 것으로서 서로 돕고 보완하는 입장에 있고, 크게 보아 하나를 이루는 부분에 지나지 않는다. 우리가 그 속에 깊이 빠져 헤어나지 못하고 있는 분별하는 병도 그림자에 집착하여 정작 그 실체를 보지 못하는 무지에서 온 것이다. 너무 가까이에서 보지 말고 한 발 물러서서 볼 수 있는 여유와, 겉만 보지 말고 속을 들여다 볼 수 있는 지혜를 가져야 한다. 결국 그 병의 병원체病原體는 무명無明이라고 하겠다. 아무쪼록 무명을 벗겨내고 분별의 병을 멀리 떨쳐내도록 정진할 일이다.

명사산에 올라

명사산鳴砂山은 중국 돈황에 있는 산으로, 여러 가지 소리를 내는 모래 산이라는 뜻에서 온 이름이란다. 돈황은 막고굴莫高窟의 수많은 석굴石窟로 된 불교 유적지로 널리 알려진 곳이지만, 특히 제17굴 장경동藏經洞은 그 안에서 3, 4만권에 이르는 불전佛典과 문서가 쏟아져 나와 사람들의 이목을 집중시켰음은 물론 불교문화 연구에 귀중한 자료를 제공하였고, 혜초스님의 왕오천축국전往五天竺國傳도 그 안에서 나온 것이다. 그런 저런 이유로 나는 기회가 닿으면 그곳을 꼭 한 번 찾아가 보고 싶은 생각을 가진지 오래다. 그러던 차에 마침 베이징에서 내가 속해 있는 단체의 정기총회가 열리게 되어 그 참에 돈황을 비롯하여 실크로드silk-road를 돌아보려는 계획을 세웠다.

돈황에는 막고굴 말고도 볼만한 곳이 여러 곳 있지만, 그 가운데에서도 빼놓을 수 없는 곳이 명사산이다. 명사산은 그 초입에 있는 월아지月牙池도 아름답고 기묘하지만 특히 매우 곱고 깨끗한 모래로 된 산이 일품이다. 타클라마칸사막의 끝자락에 위치한 명사산은 석질石質사막인 고비사막과는 달리 사질砂質사막에 속하기 때문에 산이라고 해도 마치 엄청난 양의 모래를 쌓아올린 듯이 보일 뿐 풀 한 포기 나무 한 그루 없고, 심지어 이렇다 할 바위 하나 없는 밋밋하기 짝이 없는 산이다. 약 45도 정도의 경사를 이루고 있는 그 산의 위와 뒤는 어떤 모습일까 하는 호기심을 가눌 수 없어 일행의 만류를 뿌리치고 동행 한 사람과 더불어 그 산 꼭대기까지 올라가 보기로 했다.

막상 오르기 시작하고 보니 예삿일이 아니다. 정강이까지 모래 속으로 빠져 들어가는 상태에서 한발 한발 떼놓는 자체가 여간 힘드는 일이 아니다. 한참을 오르다가 별 수 없이 나무토막으로 허술하게 만들어 놓은 계단식 길 같은 것을 이용하기로 했다. 숨을 헐떡이며 한참 만에 정상에 오르고 보니 툭 트인 앞에는 갖가지 모양의 사구砂丘가 끝없이 펼쳐져 있는 꼴이 장관이다. 마치 체로 처 놓은 듯이 가늘고 고운 모래가 미풍微風에도 이리 저리 자리를 옮기면서 모래끼리 부딪쳐 내는 소리가 휘파람소리 같기도 하고 혹은 쇠붙이를 긁는 소리 같기도 하며, 가을밤 멀리서 들려오는 이름모를 벌레소리 같기도 하여 한참을 그 소리에 빠져 있는데, 갑자기 제법 거센 바람이 일어났다. 실로 순식간의 일이다. 앞을 분간하기 힘들 정도의 모래 바람이 일고, 바람에 날리는 모래는 사정없이 얼굴에 와 닿는데, 마치 바늘로 얼굴을 사뭇 찔러대는 것 같은 느낌을 줄 정도이다. 할 수 없이 모래 바닥에 쭈 그리고 앉아 모자로 잔뜩 얼굴을 가리고 있자니, 바람도 점차 힘이 빠져가는 것 같았다. 그렇게 얼마를 지나 정신을 가다듬고 눈을 들어 앞을 내다보니 이게 웬 일인가? 앞에 전개돼 있는 모래 언덕들의 모양새가 전과는 사뭇 다르게 바뀌어 있는 것 아닌가? 조금 전의 바람이 조화를 부린 것이다. 사하라사막을 건너는 대상隊商들이 가끔 사막 한 가운데에서 길을 잃고 목숨을 잃는 수가 있다는 말이 생각나는 대목이다. 함께 올라간 동료와 서로 사진을 찍어주면서 한참을 보내는 사이에도 명사산 너머 펼쳐진 모래 세상은 시시각각으로 그 형상이 바뀌고 빛깔이 변하는 요지경이다. 모래 언덕에 와 닿는 태양빛의 각도에 따라 방금 전까지 밝고 누렇던 곳이 회색으로 변하는가 하면, 구능丘陵의 정점은 불그레하게 빛나기까지 한다.

누군가가 말했듯이 정말 사막은 살아 움직이는 것 같다. 사막의 산이나 언덕이라는 것은 한때도 그대로 있지 않고 모습을 바꾸고 빛이 변하는가 하면, 낮에는 찌는 듯이 덥다가도 해만 지면 혹독한 추위가 몰려오고, 세찬 바람이 불면 폭풍의 바다와 같이 출렁댄다. 세상만사世上萬事가 모두 무상無常한 것이지만, 사막이야말로 무상無常의 극치極致인 것 같다. 막상 산정에 올라서고서야 비로소 명사산이라는 이름이 제격인 것을 알게 되었다.

불청객 황사는 인재$_{災}$

 매년 봄철이 되면 불청객이 찾아들어 걱정거리를 더하곤 한다. 중국 북부와 몽고 지방에서 편서풍을 타고 날아오는 황사가 그것이다. 그런데 문제는 그 황사가 매년 조금씩 심해지고, 또 황사의 계절이 길어진다는 데 있다. 올해도 벌써 황사의 영향으로 남부지방의 일부 초등학교에서는 입학식을 조정하지 않을 수 없는 처지에까지 이르렀다는 보도가 나오고, 기상청은 금년에는 황사현상이 더욱 심할 것임을 예고하고 있다.

 황사는 몽고와 중국 북부에 있는 고비사막과 내몽고 지방 황토고원의 건조한 지표$_{地表}$가 이른 봄철의 거센 바람에 깎이면서 편서풍을 타고 날아온 것으로, 멀리는 일본을 거쳐 미국 서해안에까지 영향을 미친다고 하니 그 위력은 짐작할 만하다. 중국 북경에서 비행기로도 서너 시간의 거리에 있는 서울에서 매년 봄철이면 황사의 피해를 염려해야 할 처지이니, 현지인 북경을 중심으로 한 중국의 경우는 이루 말할 수 없는 상태일 것은 뻔한 노릇이다. 필자가 십여년 전 4월에 북경을 방문한 일이 있는데, 마침 그때에 거센 황사를 만났다. 문자 그대로 한치 앞을 분간하기 어려울 정도였고, 그곳 사람들은 아예 엷은 비닐봉지를 머리에서 목까지 뒤집어쓰고 다니는 실정이었다. 중국에서 날려 오는 황사는 가는 모래뿐만 아니라 중국 동남 해안지대의 공장에서 배출되는 많은 중금속류가 섞여 있어 비염을 비롯한 호흡기질환을 유발한다. 그러나 더 큰 문제는 사막화의 촉진에 있다. 사막은 살아 움직인다는 말이 있다. 북아프리카의 사하라사막이나 중국 북부의 고비사막과 같은 사막들은 매년 거센 모래폭풍sand storm으로 많은 양의 모래를 날려 매우 빠른 속도로 주변의 사막화를 촉진하고 있음은 이미 잘 알려진 일이다. 실크로드의 한 지점인 트루판에서 지금은 모래에 묻혀버린 후한後漢시대에 번창했던 가오창왕국高昌王國의 옛 도성터를 보면 사막화의 무서운 위력을 실감할 수 있다.

황사의 문제는 단순한 자연적인 현상으로 치부하고 넘길 일이 아니다. 적극적인 원인으로는 중국 서북지방에서 근 4억 마리에 이르는 양이나 염소를 무분별하게 방목放牧함으로써 사막에서 생명을 유지하는 독특한 잡초류가 멸종되어 지표가 드러나는 것을 들 수 있고, 소극적인 원인으로는 사막풍의 확산방지를 위한 방풍림조성 등 대책의 결여를 들 수 있다. 물론 갈수록 모래바람을 거세게 하는 원인인 비의 부족현상은 지구온난화地球溫暖化라든가 원시우림原始雨林의 대량벌채에 따른 기후조절능력의 부조不調에서 비롯된 것이라는 주장도 있지만, 아무튼 인재人災의 비중이 높은 것은 사실이다. 결국 사람의 잘못으로 사람들이 황사에 시달리고 있는 셈이고, 이대로 간다면 우리의 자라나는 어린이들의 건강은 물론 푸른 지구의 보전에 대한 적신호라고 하지 않을 수 없다.

구태여 제법무아諸法無我나 화엄일승華嚴一乘의 교의를 들 것도 없이 우주 만유萬有는 어느 하나도 각각 독립해서 존재하는 것 없이 모두 상관관계에 의해서 성립되고, 세계는 실로 이러한 서로 의존하고 관계됨의 연속에 지나지 않는다. 사람이나 모래 한 알과 같은 개체個體는 그러한 상관관계라는 거대한 그물의 그물코網目과 같은 셈이다. 이 법계는 무진연기無盡緣起의 시현일 뿐, 그것을 조종할 어떠한 지배자나 창조주도 존재하지 않는다. 그런데도 무지한 사람들이 탐욕에 찌든 집착으로 마구 개발을 서두르다보니, 약간의 물질적 풍요는 누리게 되었지만 그로 인한 부산물이 더 큰 댓가로 우리 앞에 눈을 부릅뜨고 마주서게 된 것이다. 마치 모든 것은 사람을 위해서 있다는 착각, 사람은 자연을 정복할 수 있다는 오만, 사람의 행복을 물질위주로 생각하는 무지가 황사를 비롯한 오늘날의 심각한 지구적 환경문제를 불러왔다고 해도 과언이 아니다. 지금이라도 연기법과 그를 바탕으로 한 만유의 상호의존관계를 바로 인식하여 행동으로 나서야 할 때이며, 이른바 한반도 대운하계획에 관해서도 큰 교훈으로 삼아야겠다.

왜 사는가

식탁에 앉아 아침밥을 들다가 창 밖에서 한 잎 두 잎 지는 낙엽을 보자, 문득 무량 스님의 "왜 사는가"라는 책 이름이 머리를 스치면서, 산다는 것에 대해 생각하게 되었다.

사실 사람이 산다는 것은 사람으로 태어났으니 사는 것이고, 또 죽지 않았으니 사는 것이다. 따지고 보면, 사람으로 태어나고 싶은 뜻에 의하여 태어나는 것도 아니고, 그렇다고 죽기 싫어 죽지 않는 것도 아니다. 나고 죽는 것이 모두 자기의 의지와는 무관하게 이루어지고 있는 것이다. 마치 따스한 봄이 오면 나무 잎이 피어나고, 추운 겨울을 눈앞에 두면 그 잎이 지는 것이 나무의 의지와는 관계없는 것과 다를 것이 없다.

그렇다고 살고 있는 동안은 과연 모두 고스란히 내 몫으로 남는가? 불행하게도 그렇지 않은 것이 엄연한 사실이다. 사람은 누구나 행복하게 살기를 추구하지만 그것이 그렇게 되지 않으니 문제이다. 우선 행복이라는 것이 매우 주관적인 것이어서 갈피를 잡을 수 없을 뿐만 아니라, 우리의 삶에는 정도의 차이는 있지만 그림자처럼 항상 고통과 번뇌가 따른다. 기쁘고 즐거운 일이 전혀 없는 것은 아니지만, 기쁘거나 즐거운 일이 있으면 마치 그것을 시샘이라도 하듯 곧 걱정거리가 찾아드는 것이 예사이다. 많이 있으면 많이 있는 대로, 없으면 없는 대로 걱정이다. 누가 늙고 싶어 늙으며 병들고 싶어서 병을 앓는가! 결국 산다는 것은 그 자체가 괴로움과 번뇌의 연속이라고 해도 과언이 아닌 것 같다.

그런데 정작 그 산다는 것 자체는 과연 무엇인가? 우리는 다른 동물들과 마찬가지로 숨을 쉬어 대기大氣를 마시고 내뿜으면서 살고 있고, 음식을 섭취하여 세포분열을 촉진함으로써 살고 있는 것이다. 우리가 산다는 것도 따지고 보면 한 숨 사이의 일이다. 숨이 들어오면 생生하고 숨이 나가면 멸滅하는 것이며, 나간 숨이 돌아오지 않으면 멸滅의 상태인 죽음이 되는 것이다. 한편 우리 몸을 이루고 있는 셀 수 없이 많은 세포 역시 그대로 있는 것이 아니라, 한편에서는 계속 괴멸壞滅하고 다른 한편에서는 새로운 세포가 생겨남으로써 우리의 육신이 유지되고 있는 것이다. 새로 생기는 세포의 수보다 괴멸되는 세포의 수가 많으면 늙는다는 것이다. 그렇게 보면 우리의 삶이란 고정된 것이 아니라, 삶과 죽음이 끊임없이 반복되는 연속적인 과정이라고 할 수 있다. 마치 끊임없이 흐르는 물이 항상 그대로의 물인 것처럼 보이지만, 실은 조금 전의 물은 이미 멀리 흘러갔고, 눈앞에 보이는 물은 쉴새없이 새로운 물인 것과 같다. 오늘의 나는 벌써 어제의 내가 아니다. 결국 산다는 것은 순간 순간의 삶의 연속과정이라고 하겠고, 우리의 일상이라고 하는 것도 순간 순간의 윤회가 거듭되고 있는 셈이다. 그러니 특히 살았다고 할 것도 없고, 죽음을 달리 생각할 까닭도 없다. 그래서 옛 선승이 이르기를 생사일여生死一如라고 하였던가!

그렇게 보면, 인생을 고해苦海에 비유한 뜻을 조금은 알 것 같다. 사람이 산다는 것은 그 자체가 뚜렷한 실체적인 것이 아니어서, 쉴새없이 흐르는 물과 같은 것이다. 그러니 흐르는 과정에서 낭떠러지를 만날 수도 있고, 큰 바위에 부딪칠 수도 있으며, 큰 비를 만나 흙탕물이 될 수도 있는 것처럼 일생이라는 것도 괴로움과 번뇌의 지뢰밭같은 것이라고 하겠다. 그야말로 제행무상諸行無常이요 제법무아諸法無我이다. 부처님께서 왕자의 영화를 버리고 출가하시어 사람의 상상을 초월하는 고행수도를 하신 것도 사람이 타고난 생로병사生老病死와 무릇 고뇌苦惱를 벗어나는 길을 찾고자 함이었음은 널리 알려진 일이다. 우리는 구태여 '나'라고 내세울 만한 뚜렷한 실체가 없고 덧없는 삶을 살면서, 되도록 '빨리' 더 '많이'의 병에 걸려 있고, 그 병은 고질痼疾이 되어 쉽사리 낫지 않는다. 산다는 것이 무엇인지를 순간 순간 되새기면서 삶을 이어간다면 부처님의 가르침인 소욕지족少欲知足의 삶도 먼 곳에 있지 않음을 알 것 같다.

비워야 들어간다

얼마 전에 갑작스런 심한 복통으로 병원 신세를 지게 되었다. 견디기 어려울 정도로 심한 복통에 물 한 방울 넘길 수 없고, 그렇다고 변을 볼 수 있는 것도 아니었다. 입원하고 보니 장폐쇄증이라는 진단이 나고, 결국 긴급수술을 받게 되었다.

장폐쇄가 된 원인은 정확히 밝혀지지 않았지만, 어찌되었든 장이 막혔으니 먹은 것이 내려갈 수 없고, 내려가지 못하니 음식물이 들어가지 못할 것은 뻔한 노릇이다. 밤중에 긴급수술을 받기 위해서 수술실로 실려가는 침대에 누워 생각하니, 사람의 육신이라는 것이 얼마나 허망하고 의지할 만한 것이 못되는지를 실감할 수 있게 하였다.

사람의 형상인 육신을 지탱하고 기르기 위해서는 기본적으로 음식을 섭취하고 공기를 호흡해야 한다는 것은 어린애들도 다 아는 일이다. 그런데 그 소중한 음식을 섭취하면 반드시 내보내야 한다. 그래야 또 음식을 받아들인다. 맛이 있는 좋은 음식을 먹었다고 해서 내보내지 않고 속에 담아두고 있을 수 없을 뿐 아니라, 만일 속에 담아두고 있다면 병이 되고 새로운 음식이 들어가지 않는다. 호흡도 마찬가지이다. 살기 위해서는 호흡이 필수적인 것이라고 하지만, 그렇다고 해서 하루 분이나 한 시간 분을 한꺼번에 들이킬 수 없음은 물론, 들숨을 쉬면 반드시 날숨을 쉬어 내보내야 한다. 날숨을 쉰 다음에야 다시 들숨을 쉬고 반드시 날숨으로 내보내야 한다. 날숨을 쉰 다음에야 다시 들숨을 쉴 수 있다는 것은 누구나 아는 평범한 진리이다. 마치 바닷가의 파도와도 같다.

사람들이 일반적으로 탐하는 재물도 마찬가지이다. 재물이 귀한 것이라고 해서 수단과 방법을 가리지 않고 모으기만 하고, 적절하고 값있는 쓰임이 따르지 않는다면 곧 수전노라는 이름이 붙여지고 남들의 지탄의 대상이 되어 결국은 재물도 제대로 들어오지 않게 된다. 사람의 육신이 순환을 기본으로 하는데 사람이 만들어낸 재물인들 크게 다를 이가 없는 일이다. 모든 것은 서로 어울려 순조로운 순환을 전제로 하여 존재하는 것이기 때문에 그 순조로운 순환의 리듬이 깨지면 탈이 나는 것은 정한 이치이다.

사실은 적당히 부족하다는 것처럼 간편한 것이 없다. 일상생활의 모든 면에서 물질적인 편의를 앞세우는 오늘날에 있어서는 없으면 우선은 불편함을 느끼게 되겠지만, 많다는 것 자체가 짐이 되는 것은 부인할 수 없다. 있으면 관리해야 되는 번거로움이 있음은 물론 없어질까 걱정이요, 더 늘리고 더 좋은 것을 추구하는 욕구에 시달려야 하며, 남과 견주어 괜히 질시하는 죄를 범하게 된다. 그러나 적으면 그만큼 생활이 간소하고 잡일이 없어지며 쓸데없는 일에 마음을 쓸 필요가 없어진다. 그렇기에 선현들은 이구동성으로 소욕지족少欲知足을 강조했던 것같다. 그러니 들어오면 반드시 비울 줄 아는 지혜가 필요하다. 채우기만 하고 비우지 않으면 더 들어올 수도 없고, 결국은 파국을 맞게 된다. 마치 밀려온 파도가 빠지지 않고 계속 밀려오기만 하는 경우처럼 말이다. 난데없는 입원 수술이 안겨준 산 교훈이다.

진실은 언제나 거기에 그대로 있다

참된 것, 진실이란 과연 무엇일까? 많은 사람들이 진실을 찾아 헤매지만 그리 쉽게 잡히질 않는다. 우리가 흔히 쓰는 말에 등하불명燈下不明이라는 말이 있다. 등 밑이 왜 어두울까? 가장 밝을 듯한 곳이 오히려 가장 어두우니 말이다. 너무 가깝고 쉬우면 도리어 찾아내기 힘든 예가 하나 둘이 아니다. 그러다 보니 우리는 허상虛像에 매달려 일희일비一喜一悲를 거듭하는 나날을 보내면서 망상의 끈을 놓지 못한다. 결국 무명無明에 찌든 알량한 지식과 경험에 뿌리박은 관념적인 삶 때문에 매일매일이 얼룩지고, 무명 때문에 생긴 오해로 인하여 다툼이 끝을 모르고 이어진다.

우리는 나뭇잎은 푸르다고 한다. 그러나 나뭇잎의 참 빛깔이 무엇인지 우리는 잘 알지 못한다. 나뭇잎이 푸르게 보이는 것은 나뭇잎이 광선의 여러 빛깔을 모두 수용受容하면서 오직 푸른빛만은 배척하고 반사하기 때문에, 우리 눈에 들어오는 빛은 푸른빛

뿐이어서 그렇게 보일 뿐이다. 그런가 하면, 가을바람이 불기 시작하면 나뭇잎들이 붉게 또는 노란빛을 띠게 되고, 우리는 곱게 물든 단풍을 즐긴다. 그러나 그것은 나뭇잎이 물든 것이 아니라 추운 날씨 때문에 영양공급을 받지 못한 잎들이 광합성光合成을 멈추어 엽록소의 생산을 중단한 탓으로 내보낼 푸른빛이 없어지자 여름 동안 녹색綠色에 가려있던 빛깔이 나타난 것에 불과하다. 그러니 단풍색은 새로 든 것이 아니라 항상 거기에 그대로 있었고, 그것을 가린 푸른빛이 사라졌을 뿐이다. 우리가 눈目이라는 감각기관을 통해서 보는 것은 항상 반사되는 빛, 곧 수용하지 않고 거부당한 빛이다. 그러니 우리 눈에 들어온 빛깔은 그것의 참 빛깔이 아닌 셈이다.

어디 그뿐인가? 날씨가 더워지니 우리는 하루살이를 볼 수 있는 기회가 많아졌다. 겨우 하루 이틀 살다 죽을 바에는 무엇하러 태어났을까? 하는 값싼 동정어린 생각을 하는 때도 있다. 그러나 알고 보면 하루살이는 이 지상에 나와 날기 전에 이미 물웅덩이에서 1년 남짓을 애벌레로 생을 보낸 다음, 종種의 번식을 위해서 잠깐 나왔을 뿐이다. 지상에 나온 하루살이는 오직 다음 세대를 위한 번식작용을 한 다음에는 삶을 마치는 것이다. 매미의 경우를 보아도 마찬가지다. 우리가 잘 알지도 못하면서 '운다'거나 '노래한다'거나 하고 멋대로 말하는 매미는 땅속에서 6, 7년을 굼벵이로 지낸 다음, 태양이 작열하는 한 여름에 지상에 나와 허물을 벗고 날게 되면 곧 다음 세대를 마련하고 죽어가는 것이다. 그러니 무엇이 진실인지를 쉽게 알 수 없는 것도 무리는 아니다. 이렇게 보면, 우리가 제법 아는 체 하는 것들이 대부분 헛것임을 알 수 있다.

　모든 것은 사람이 관념적으로 인식하는 것이지, 우리가 인식하는 것이 곧 실재는 아니다. 물리학자인 카프라Capra박사도 그의 저서에서 "현대물리학적인 관점에서도 그들이 기술하는 '법칙들'을 포함하여 자연현상에 관한 그들의 이론 모두가 인간의 마음의 소산所産, 즉 실재 그 자체라기보다 실재에 관한 우리의 개념도概念圖의 속성이라고 여기고 있다."라고 쓰고 있다. 결국 일체유심조一切唯心造라는 부처님의 가르침이 현대 과학적 견해에 의해서도 그 정당성이 뒷받침된 예라고 할 수 있다. 화엄경의 십지품十地品에는 "진실한 이치를 알지 못함으로 무명이라 이름한다"於第一義諦不了故名無明라는 말이 있다. 무명에 가린 중생들은 무엇이 진실인지도 모른 채, 오늘도 오욕에 집착하여 헤어나지 못하고, 매일 티격태격하며 보내고 있으니 한심스럽기 짝이 없는 일이다. 모든 것은 마음먹기 탓이다. 진리는 언제나 거기 그대로 있으니 말이다. 우리는 무엇이 진실한 것인지를 참되게 알아 허상虛像을 쫓는 우愚에서 벗어나야 하겠다.

경칩 추위

사람들은 봄이 빨리 오기를 기다리고, 봄기운이 돌고 푸른 새 싹 한 잎만 보아도 봄이 왔다고 즐거워한다. 오랜 겨울 추위에 움 츠러들고 메마른 나뭇가지에 마음을 상한 탓이라고나 할까? 아니 면 봄은 새 출발의 계절이요, 생명이 터져 나오는 때여서 새로움 과 새로운 발전을 기대해서일까? 아무튼 사람들은 겨울이 채 가 기도 전부터 봄노래를 부르고 봄을 이야기하곤 한다.

지난 겨울은 유난히 따뜻한 겨울이었다. 날씨가 춥지 않은 것 뿐 아니라 비교적 눈도 적었고 도무지 겨울답지를 않았다. 그래 서였겠지만 기상대에서는 금년은 봄이 아주 빨리 올 것이라고 일 찌감치 예보했고, 2월 중순에 든 설날도 봄날을 연상하게 할 정 도로 화창한 날씨였다. 창밖의 목련은 금방이라도 터질 것만 같 은 꽃봉오리가 제법 탐스럽고, 그 옆의 라일락은 벌써 움트기 시 작한 새싹이 모양새를 다듬고 있다. 멀리 산골짜기에서 얼음 녹은 계곡 물소리가 들리는 것 같고, 고로쇠나무에 물오르는 소리가 귓전을 스치니 벌써 작년에 갔던 봄이 다시 찾은 것 같다.

그런데 이 무슨 엉뚱한 일인가? 경칩驚蟄을 하루 이틀 앞둔 엊그제부터 비가 내리기 시작하더니 밤 사이에 눈으로 변하고, 강풍이 휘몰아치는 것이 예사롭지 않다. 하기야 이 겨울이 다 가기 전에 경칩 추위쯤은 있으리라고 예상은 했지만 이처럼 호된 추위가 몰아치리라고는 짐작할 수 없었다. 귀신소리를 내며 창틀을 뒤흔드는 바람소리, 흩날리는 눈발과 함께 곤두박질치는 수은주에 막 눈을 튼 새싹이며 살짝 웃음을 머금은 듯한 꽃봉오리가 놀라 움츠러들고, 겨울잠에서 깨어 늘어지게 기지개를 켜던 개구리들이 놀라 땅속으로 헤집고 들어가는 꼴이 눈에 선하다. 경칩은 분명히 경칩인 것 같다. 아침에 배달된 신문을 보니 36년만의 추운 경칩이라 한다.

이것이 바로 우주의 섭리요, 자연의 교훈이다. 무명에 가린 사람들이 따뜻한 겨울 날씨가 계속되자 24절후節侯도 잊은 채 벌써부터 봄이 왔다고 서성대자, 그동안 밀린 추위까지를 합쳐서 경책警責을 울린 셈이다. 아무리 봄이 그립고 기다려진다 해도 다소곳이 기다릴 일이다. 서성대지 말고 조용히 먹고 자며 숨쉬면서 기다리면 된다. 때가 되면 오지 말라 해도 오기 마련이고, 막상 오고 나면 또 무심해지는 것이 인정이다. 이치가 이러함에도 사람들은 그 사이를 못 참고 나름대로의 탐욕을 가득 안고 어리석은 꿈놀이를 즐기고 있으니 한 차례의 경책警責으로 족할지 의문이다.

'경칩이 지나면 대동강도 풀린다'고 했으니, 경칩 추위가 제 아무리 춥다한들 겨울도 이제 끝자락을 걷어 올리고 있는데 달리 어찌할 수 있으랴. 어둠이 짙으면 새벽이 가까운 것처럼 흩날리는 눈송이는 겨울을 보내는 아쉬움을 달래기 위한 몸부림이 아니겠는가! 우리는 그저 묵묵히 새 봄을 맞을 채비만 하면 된다.

우산 속의 산행

 산행山行이라고 하면 으레 날씨가 그런 대로 괜찮은 날에 하는 것이 보통이고, 적어도 비는 오지 않는 날에 하는 것이 예사이다. 아침에 일어나 보니, 어제 저녁에 일기예보대로 보슬비가 내리고 있어 계획했던 산행을 그만둘까도 생각했다. 그러나 미리 한 약속을 깰 수도 없어서 우산을 들고 산에 오르기로 했다. 마음을 정하고 막상 나서고 보니 그런대로 별미가 있었다.

 서울 근교의 산은 주중에도 산을 찾는 사람들로 퍽 붐비는 것이 보통인데, 산에 들어서고 보니 비 때문인지 별로 사람이 없어 단출하여 좋았다. 어디 그 뿐인가? 산을 뒤덮은 낙엽 위로 떨어지는 빗방울 소리와 우산을 때리는 빗소리가 어우러져 나처럼 무딘 사람도 묘한 정취를 느끼게 한다. 지난 가을에 떨어져 쌓인 낙엽 위에 촉촉하게 빗물이 스며드니, 낙엽의 처지에서는 얼마나 고맙겠는가? 낙엽이 뿌리로 돌아가는 길을 재촉하면서 오히려 생기가

도는 것처럼 보였다. 아무튼 적당히 내리는 보슬비 속의 산행의 맛은 별다른 데가 있다는 것을 처음으로 알게 되었다.

도봉산 계곡에는 유별나게 큰 바위가 많다. 큰 집채덩이 만한 것도 수 없이 골짜기에 널려 있는데, 그 가운데에는 대여섯명이 그 위에 둘러앉을 만한 것도 하나 둘이 아니다. 언제 내린 것인지 알 수 없는 눈이 군데군데 남아 있는 바위 위에 빗방울이 떨어지니 얼마 남지 않은 눈이 맥없이 풀려 내리는 것이 마치 폭포의 축소판을 보는 듯하다. 빗물과 눈물이 뒤섞여 흘러내리는 꼴이 제법 볼 만하다.

빗방울 소리에 흠뻑 젖어들어 무심코 한 발 한 발 떼어놓고 있는데, 멀리 산사山寺에서 들려오는 목탁소리가 귓전에 와 닿는다. 비에 젖은 산 속에서 은은하게 들려오는 목탁소리는 참으로 야릇한 느낌을 준다. 딱따구리가 부리로 나무를 쪼는 소리 같기도 하고, 허공에서 울려오는 범음梵音처럼 들리는가 하면, 세간의 티끌을 털어 내는 소리같이도 느껴진다. 목탁소리에 귀를 빌린 채 떼어 옮긴 발길이 어느덧 무문관無門關 앞에 와 있었다.

스님과 이런 저런 이야기를 나누고 점심 공양을 마친 다음, 하산하려 하자, 원공圓空스님께서는 자기의 지팡이를 건네주시면서 짚고 내려가라고 하신다. 하기야 다른 때 같으면 산행에 나설 때에는 으레 지팡이를 챙겼지만, 오늘은 우산 때문에 오히려 거추장스러울 것 같아 그냥 올라온 것을 스님께서는 벌써 알아채신 것이다. 두 세 차례 사양을 했지만 그 분의 고집도 웬만한 정도가 아니어서 굽힐 기색을 보이지 않으시면서, 비 온 뒤의 산은 특히 미끄러우니 짚고 내려가서 주차장 옆 공중화장실 뒤에 세워 두고 가라는 것이다. 그러면 스님께서 하산하셨다가 돌아오시는 길에 짚고 오시겠다는 것이다. 내가 혹시 누가 집어갈 지도 모르지 않느냐고 하자, 이까짓 지팡이를 누가 가져갈 이도 없고 혹시 가져 간다면 그 사람도 필요해서 가져갈 것이니 그것도 무방하다는 것이다. 염착染着을 멀리한 선승禪僧의 꾸밈없는 마음자리를 보는 것 같아, 그것만으로도 오늘의 산행은 윤택하고 흐뭇하였다. 다리가 셋이 된 하산 길은 거리가 훨씬 가깝게 느껴졌다.

산다는 것은

'산다'는 것 그 자체는 특별한 의미가 있는 것 같지 않다. 산다는 것은 생명이 유지된다는 것이고, 생명이 유지된다는 것은 생물적인 대사代謝가 이루어지고 있다는 것이니 그것은 생물로서의 존재성을 나타낼 뿐이다. 사람을 포함한 동물들은 물론이요, 식물들도 모두 매 순간 나름대로의 생명을 유지하면서 그 나름의 존재를 나타내고 있다. 그러나 사람의 경우로 한정해서 보더라도, 왜 사는가? 산다는 것은 과연 무엇인가? 어떻게 살아야 하는가? 라고 파고들다 보면 산다는 것처럼 알기 힘든 것도 없다.

아프리카나 동남아지역의 일부 예외는 있지만, 의약醫藥의 비약적인 발달과 생활환경의 향상에 힘입어 근래에 들어 사람들의 평균수명이 현저히 연장된 것이 사실이다. 필자가 어릴 때만해도 마을에서 환갑을 지난 노인을 보기가 그리 쉬운 일이 아니었는데, 지금은 필자 스스로 희수喜壽를 눈앞에 두게 되었고, 주위에 7,

80객이 수두룩하다. 요새는 환갑을 넘긴 사람들이 마치 인생은 지금부터인 것처럼 세를 부리는가 하면, 이미 고희古稀를 넘긴지 오래인 사람도 삶에 대한 애착이 젊은이를 뺨칠 정도이다. 그러면서도 한편으로는 산다는 것이 고생스럽다거나 번뇌투성이라고 한탄하면서 인생고해人生苦海를 되뇌인다. 그러니 참으로 알 수 없는 것은 산다는 일인 것 같다.

그러나 막상 생각해 보면 산다는 것은 아직 죽지 않았다는 것뿐이다. 모든 생겨난 것은 필연적으로 생주이멸生住異滅의 과정을 거듭하는 것이어서, 생겨나면 반드시 변하고 마침내 사라지는 것이지만, 그 사라짐은 영원히 없어진다는 뜻이 아니라 새로운 생김으로 이어진다는 의미를 지닌다. 현재의 순간이 멸滅하여 과거가 되면서 미래에게 현재의 자리를 내준다. 이러한 무한한 삼세三世의 생멸변이生滅變異의 과정 속에서 우리 삶의 시간적 상속성相續性을 엿볼 수 있다. 다만 우리가 살고 있는 이 시간의 상속은 새로운 지금이라는 점點의 연속이지, 결코 하나의 긴 선線은 아니다. 왜냐하면 '선'이라면 그 '선'이 끊길 때까지는 같은 '선'이어야 하기 때문이다. 우리가 산다는 것은 '지금의 순간'이라는 '점' 위에 있는 것이어서 늘 변하고 언제 끊길지 모를 일이다. 그러니 어제의 나는 오늘의 내가 아니고, 지금의 나는 조금 뒤의 나와는 다를 것이니, 하루살이가 따로 있는 것이 아니다. 거기에 '왜' 사느냐가 있을 수 없고, 오직 살고 있다는 현상이 있을 뿐인데 사람들은 삶에 관념적으로 인위적人爲的인 목적이나 가치를 만들어 붙이고 그에 집착한다.

무명無明에 가린 사람들은 산다는 것이 순간순간의 연속인지도 모르고 언제나 그 알량한 '나'를 중심가치中心價値로 굳게 정립해 놓고 '나' 이외의 모든 것은 '너'로 대치시켜 생각한다. 대치관계對峙關係는 당연히 분별심과 경쟁심을 낳게 되어 산다는 것은 남보다 더 갖기 위한 경쟁의 과정처럼 인식하다보니 산다는 것이 고뇌에 찬 나날일 것은 뻔한 노릇이다. 산다는 것이 무엇인가? 에 대한 답의 첫 단추가 잘못 끼워진 단서端緖는 바로 여기에 있다. 애당초 '나'와 '너'가 따로 있는 것이 아니다. '나'가 '너'이고, '너'가 '나'인 것이다. 보는 위치에 따라 '나'가 되기도 하고 '너'가 되기도 한다. 삼라만상은 우리가 인식하거나 말거나 관계없이 언제나 거기에 그대로 있을 뿐이다. 삼라만상을 우리가 보는 대상對象으로 설정하여 색칠을 하고 분별하여 보면서 일희일비一喜一悲를 거듭하는 것은 살고 있는 우리의 조작造作일 뿐이다. 산다는 것은 사람에게나 다른 모든 것에나 똑같은 것이고, 거기에 따로 정해진 주객主客이 있는 것이 아니다. '너'가 있어 '나'가 있고, '나'가 있어 '그'가 있는 것이어서, 따지고 보면 이들은 모두 '우리'라는 한 집안 식구들이다. 산다는 것은 서로 의존하고 보완하면서 이어져 가는 관계속의 존재일 뿐이다. 마치 우주속의 헤아릴 수조차 없이 많은 별들이 서로의 중력으로 서로의 위치를 지탱하면서 정해진 궤도를 순항順航하고 있는 것과도 비유할 수 있는 일이다.

산다는 것은 생겨났기 때문에 있는 현상이지만, 생겨난 것은 시간의 흐름에 따라 변하고 인연이 다하면 반드시 사라진다는 것은 움직일 수 없는 진리이다. 그 뿐만 아니라 산다는 것은 순간순간에 있는 것이라는 것도 분명한 일이다. 거기에서 탐욕을 부리고 분별심을 낸다는 것이 얼마나 어리석은 일이겠는가? 괜히 번뇌만 불러올 뿐이다. 어차피 태어나 살고 있다면 무명을 걷어내고 순리順理로 살아 구경究竟에 이르러야 하지 않겠는가! 모든 것이 마음 하나에 달린 일이다.

인연으로 빚어진 것

나는 수필에 관해서 잘 모른다. 법을 생업으로 삼고 살아오다 보니 그럴 수밖에 없는 것이 오히려 당연한 일인지도 모른다. 그런대로 글 쓰는 일은 좋아해서 가끔 글을 쓰기는 했지만, 대부분이 법에 관한 것이어서 형식과 논리에 매인 딱딱하고 무미건조無味乾燥한 논문형의 글일 뿐, 사람의 일상적인 삶의 모습이나 우리를 감싸고 있는 자연을 진솔하게 그려낸 감칠맛 나는 그런 글과는 거리가 먼 것들이다. 그래도 나 나름으로 세상 돌아가는 꼴을 오롯하게 묘사하는 글을 써보려는 의욕이 없었던 것은 아니지만, 원래 배운 게 논리와 형식을 중시하는 법뿐인지라 수필이 지닐 품격과 청아함을 갖춘 글을 쓴다는 것은 언감생심焉敢生心일 수밖에 없다.

세월이 약이라는 말도 있지만 싫든 좋든 세월이 흐르고 나이가 쌓여가니 바닷가의 조약돌처럼 모가 닳고 번질번질해 지는 것이 사실인 것 같다. 스스로도 모르는 사이에 알게 모르게 모가 조금씩 달아가는가 하면, 사람이 조금은 염치머리 없는 일을 하는 경우가 늘어가는 것 같다. 그러다보니 그때그때 떠오르는 생각이라거나 문득 들어오는 느낌들을 글로 적어보는 예가 늘어나게 되었다. 벌써 6, 7년 전의 일인 것 같다. 친 형제처럼 가까이 지내는 외척外戚인 허교수와 함께 저녁식사를 하는 자리에서의 일이다. 이런 저런 이야기 끝에 내가 며칠 전에 희한한 글을 썼다는 말을 했다. 그 말에 허교수는 귀가 쫑긋하여 그게 무슨 글이냐고 다그쳤고, 결국 나는 그 글이라는 것의 제목과 내용을 간단히 말해 주었다. 그는 그 글을 자기가 편집 일을 맡아보는 '계간 수필'에 실었으면 좋겠다는 것이었으나, 나로서는 아무리 염치가 엷어졌다고 해도 당돌한 일이 아닐 수 없어 거절할 수밖에 없었다. 더욱이 '계간 수필'이라는 잡지에 대해서 일자무식一字無識인 나로서는 거절이 상수上手라고 여겨졌다. 그러자 허교수는 '계간 수필'은 K교수께서 발행인으로 계시는 알찬 수필동인지라고 말하면서 글을 달라고 보챘댔다. 내가 존경하는 분 가운데 한 분인 K교수와 허교수가 관여하여 만들어내는 잡지에 글을 올린다는 자체가 분에 넘치는 일이 아닐 수 없다. 결국 '충만한 무소유'라는 이름의 내 글은 '계간 수필'의 소중한 한 귀퉁이를 차지하게 되었다.

　　이런 인연으로 나는 '계간 수필'을 알게 되었고, 격에 맞지 않는 내 글이 서너 차례나 이 격조 높은 잡지의 지면을 차지했으니 혹 오점을 남긴 것이나 아닌지 염려스럽다. 그런데 갈수록 알 수 없는 것이 사람의 마음인 것 같다. 늙어가면서 염치가 엷어진 탓인지, 아니면 그만큼 무모해진 탓인지는 알 수 없지만, 요새는 내 마음의 움직임을 가려 서술하거나 세상 돌아가는 꼴을 나름대로 묘사하는 글을 엮는 일이 제법 많아지고, 더욱 가관可觀인 것은 그것을 별 생각 없이 남의 눈앞에 내놓는 버릇이 생겼다. 참으로 염치없는 일이다. 하기야 모든 것을 인연에 의해서 빚어진 것으로 치부하면 속이 편한 일이지만, 그렇게만 돌아가지 않는 것이 사람의 마음이다. 그래서 모든 것은 마음이 만든다一切唯心造거나 삼계가 오직 마음뿐이다三界唯心라는 말이 있기까지 한 것 아닌가 싶다. 나이가 들수록 축 늘어지는 피부처럼 해이解弛해지는 마음을 항상 다잡아야 할 터인데 말이다.

뜨는 해와 지는 해

신문을 보니 적지 않은 수의 절에서 연말의 '해넘이'와 연초의 '해돋이'를 보는 행사를 꾸미고 있다고 한다. 한 해의 마지막 지는 해와 새해에 떠오르는 해를 본다는 것, 그것도 고요한 산사山寺에서 해넘이와 해돋이를 본다는 것이 반드시 무의미하지는 않겠지만, 그렇다고 그렇게 큰 의미가 있는 것일까? 한 해라거나 하루라는 금을 그어놓고 생활하면서 마치 새 날이 오고 새 해가 오는 것처럼 생각하는 것은 사람들이 스스로의 편의를 위해서 만들어 놓은 것일 뿐, 금년에 뜬 해나 새해에 떠오를 해는 같은 해이고, 오늘의 해와 내일의 해가 다를 것이 없는 하나의 해일 뿐이다. 우리는 이글거리는 태양이라는 이름의 항성 둘레를 돌고 있는 조그마한 행성인 지구 표면에 붙어살면서, 단조롭게 매일 반복되는 꼭같은 나날에 시간을 붙이고 날짜를 붙여 스스로 그에 매어 살고 있는 것이다.

생각해 보면 시간이라는 실체가 있는 것도 아니고, 하루나 한 해가 따로 구획될 수 있는 것도 아니다. 시간이라는 것이 원래 있는 것이 아니라 공간space에 있는 물질이나 행동의 간격을 나타내기 위해서 사람이 만들어 부르는 이름이 시간일 뿐이다. 우리가 시간이라고 부르는 것은 시작이 없는 아득한 옛적부터 그저 그대로 이어져 오고 있고 또 앞으로도 무한히 이어져 갈 뿐이다. 그러니 시간은 오지도 않고 가지도 않으며 그 상태 그대로 있는 것인데 그 속에서 삶을 유지하고 있는 우리가, 그리고 삼라만상이 끊임없이 생주괴멸生住壞滅을 거듭하고 있을 뿐이다. 그런데도 사람은 자기는 가만히 있는데 시간이나 세월이 빨리 가는 것처럼 한탄한다.

과거, 현재, 미래라는 삼세三世는 연기법을 이루는 하나의 기준에 지나지 않는 셈이다. 과거는 이미 흘러가 없고, 미래는 아직 오지 않아 없는 것이며, 오직 현재가 있을 뿐이지만 그 현재라는 것도 현재임을 느끼는 순간 벌써 과거로 흘러간 상태인 것이어서, 엄밀하게 말하면 현재란 순간일 뿐이고 그 순간이 면면히 이어지고 있는 것이다. 그러니 구태여 시간의 장단이나 시간의 빠름을 한탄할 일이 아니라, 매 순간을 뜻있고 충실하게 채우면 그만이다.

그런데도 많은 사람들이 굳이 연말의 해넘이를 보려 하고, 새해의 해돋이를 찾는 것은 무슨 까닭일까? 사실 연말에 마지막 지는 해나 새해에 떠오르는 해가 어제나 오늘의 해와 다를 것이 없다. 어디 그뿐인가! 해는 지는 일도 없고 떠오르지도 않으며 언제나 그 자리에 그대로 있고, 우리가 발을 붙이고 있는 이 지구라는 행성이 자전自轉하면서 해의 둘레를 돌고 있는 것이니, 엄격히 말하면 해가 뜨고 지는 것이 아니라 지구가 도는 탓으로 해가 보였다 안보였다 할 뿐인 것이다. 이런 사실을 알면서도 이 해를 마지막 보내는 '해넘이'나 새해를 맞는 '해돋이'를 보려하는 것은 고생스러웠던 지난날을 흔쾌히 털어내고 새로운 희망을 가져다 줄 것을 기대하는 새해를 맞으려는 인간의 자기위안 내지 자기만족을 위한 생각에서 우러난 일은 아닐는지? 모든 것은 마음에서 우러나고 마음이 만들어 낸다. 마음 하나면 아름다운 노을을 그려내는 석양의 햇빛을 뜨는 해로 보지 못할 바 아니고, 새해의 해돋이가 닥아올 1년의 부담으로 무거워 보이지 말라는 법이 있을까?

마음이란 놈이

모든 일은 마음이 만들고 마음의 장난이라고 한다. 하기야 우리들 일상의 삶이라는 것은 마음에서 비롯되어 생각으로 이어지고 말과 행동으로 나타난다는 것쯤은 누구나 알 수 있는 일이다. 그러나 우리는 가장 근본에 있는 마음은 의식하지 않고 오직 그 마음이 밖으로 나타니는 생각, 말, 행동에만 주의를 기울이면서 그것에 매어 움직이는 것이 예사이다. 그러다보니 마음 장난에 놀아나 한 때도 편할 수가 없다. 어디 그 뿐인가? 겉으로 드러나는 얼굴은 하루에도 몇 차례씩 씻고 매만지고 찍어 바르면서, 정작 마음은 전혀 돌볼 생각조차 않는다.

사람은 몸과 마음으로 이루어져 있다. 우리 육신의 병을 다스리는 의학이 크게 발달한 것처럼 마음에 관한 연구도 이제는 제법 활발하게 이루어지고 있어 꽤 흥미로운 연구결과가 보고되고 있다. 특히 1987년부터 티베트의 달라이 라마를 중심으로 심리학,

신경과학, 인지과학, 행동과학 및 철학 등 분야의 학자들이 만나 주로 마음과 생명의 과학에 관한 연구와 토론을 진행해 온 마음과 생명연구소Mind and Life Institute가 그 중심에 서 있으나, 아직은 초보단계를 벗어나지 못하고 있다. 그러나 과학이라는 잣대를 가지고 모든 것을 재려는 데에는 한계가 있고, 특히 마음에 관한 한 그렇다고 본다. 다만 마음이 어떤 것인지를 구체적으로 알거나 모르거나 우리 안에 마음이라는 것이 있고, 그 마음이라는 것이 우리의 생각을 일으키고 일거일동一擧一動을 좌우한다는 것은 틀림없는 일이다. 그러기에 우리는 흔히 마음을 잘 쓰라거나, 그 사람은 마음이 삐뚤어졌다거나, 그 사람은 마음이 착하다는 등 마음에 관한 말을 서슴없이 하고 산다. 그런데 그 마음이란 놈이 여간 요술을 부리는 것이 아니다. 오만 가지 생각이 왔는가 하면 가고, 갔는가 하면 생겨나며, 그 생각이라는 것은 시작을 알 수 없는 태고 적부터 끝을 알 수 없는 먼 미래까지를 순간에 왔다갔다 하면서 온 세간을 들었다 놓았다 한다. 이 마음이라는 놈이 얼마나 크고 빠른지 헤아릴 길이 없으며, 사람을 제 노리개처럼 갖고 놀기를 예사로이 한다. 그러니 우리는 영락없이 마음의 노리개요, 그 장난에 놀아나 일희일비一喜一悲를 거듭한다.

    그런데 그 마음이란 놈이 아주 교활하여 잘 잡히지를 않는다. 우선 그 마음이란 놈을 잡고 보아야 혼을 내거나 다독거릴 터인데 그 마음이 어디에 있는지, 어떻게 생겼는지를 알기가 쉽지 않다. 이 마음에 관해서 안심법문安心法門이라는 것이 있다. 뒷날의 2조 혜가가 면벽수행面壁修行 중인 달마대사를 찾아가서 "제 마음이 평안을 찾지 못하고 있으니, 청하옵건대 부디 제 마음을 안정시켜 주십시오"라고 하자, 달마가 "어디 자네 마음이란 것을 내놓아 보게. 그러면 내가 그것을 진정시켜 줌세."라고 했다는 것이다. 8년간에 이르는 장좌불와長坐不臥의 수행정진을 한 혜가도 끝내 그 마음이란 것을 찾을 수가 없어 달마대사를 찾아가게 된 것이다. 그러니 범부로서 마음을 찾기 힘들다는 것은 오히려 당연한 일인지도 모른다. 하기야 이른 봄에 화려하고 탐스런 꽃을 피우는 '아마릴리스'amaryllis의 구근球根을 쪼개 보아도 그 속에 꽃은 고사하고 한 점의 붉은 빛깔조차 찾아볼 수 없고, 먹음직한 감을 열게 하는 감나무를 잘라 보아도 감의 흔적은 고사하고 감의 냄새조차 느낄 수가 없다. 신기하기 짝이 없는 일이다. 불교는 마음공부라고 하고, 마음을 챙기는 일이라고도 한다. 마음이 모든 것의 근원에 있으니, 그 마음을 닦고 챙겨 마음이 함부로 부글거리지 못하도록 가라앉혀 맑고 고요하게 하려는 것이다. 다만, 마음은 형상이 없어 육안으로 볼 수 없고, 손으로 만질 수 없어 그 정체를 파악하기가 쉽지 않다. 공기나 전파처럼 마음이란 것이 있기는 분명히 있지만 볼 수 없고 만질 수 없어 알기가 쉽지 않다. 우리는 공기나 전파를 직접 보아 알지는 못하지만 그의 작용을 통해서 그 존재를 인식할 수 있듯이, 마음의 작용을 통해서 마음을 느낄 수 있을 뿐이다. 내가 전에 달라이 라마 존자를 만났을 때에 "마음이란 무엇입니까?"라고 묻자, 그는 "마음은 그저 느낄 수 있을 뿐인데, 그것도 쉽지 않지요."라고 하신 말씀이 생각난다. 마음을 느끼기가 쉽지 않기 때문에 우리는 마음공부에 열을 올리게 되고 또 마음공부의 보람을 느끼는 것이 아닐까?

　마음이란 놈이 교활하고 제멋대로 움직이는 것은 사실이지만 알고 보면 마음처럼 유순하고 수줍음을 타는 놈도 드물 것이다. 마음을 조용히 지켜보고 있다가 그 마음이란 놈이 고개를 들고 일어나려는 때에 그것을 알아차리면 마음은 슬그머니 꼬리를 내리고 만다. 구태여 쫓아내려고 할 것도 없이 그저 알아차리기만 하면 된다. 그 놈을 좇아가지 않으면 된다. 마음은 그 움직임이 탄로났다 싶으면 결코 대들거나 더 성해지지 않고 스스로 사라지고 마는 매우 순한 놈이다. 그러니 항상 마음을 지켜보고 챙김으로써 마음이 고요함을 유지하도록 할 일이다. 만사의 근원은 바로 여기에 있기 때문이다. 일체유심조一切唯心造라고 하지 않았던가!

그 아름다운 밤하늘

그날 밤의 아름다운 광경은 잊혀지지 않고 가끔씩 되살아나곤 한다. 실크로드의 여행 중에 하룻밤 묵은 트루판에서의 일이다. 한밤중에 잠에서 깨어 무심코 호텔 방의 커튼 한쪽을 걷어 올린 나는 눈앞에 펼쳐진 황홀한 광경에 놀라지 않을 수 없었다. 하늘을 가득 메우고 있는 초롱초롱한 별빛이 마치 순도 높은 다이아몬드 가루를 뿌려놓은 듯 빛나고 있지 않은가! 헤아릴 수 없이 많은 크고 작은 별들이 밤하늘을 가득히 메우고 있는 것이다. 그 가운데 북두칠성이 뚜렷이 눈앞에 닥아왔다. 언제 보고 이제 보는 것인지조차 알 수 없으리만큼 오랜만의 일이다. 나는 그 장관을 혼자 볼 수 없어서 곤히 자고 있는 아내를 깨웠다. 영문도 모르고 눈을 비비며 일어난 그 사람도 창가에 다가서기가 무섭게 입에서 탄성이 흘러나왔다.

트루판은 사막의 복판에 위치하여 대기가 매우 건조한데다가 주변에는 대기오염물질을 뿜어내는 공장이 없어 대기가 비교적 청정한 탓으로 깨끗한 밤하늘을 볼 수 있는 것이다. 하기야 내가 어렸을 때만 해도 가끔 맑은 하늘을 가득 수놓은 별을 세면서 내 별을 찾으려고 애쓰던 일이 생각난다. 그러나 요새 서울 하늘에서 별을 보기란 정말로 가뭄에 콩나기만큼이나 어려운 일이 되어버렸다. 이 모두가 이른바 개발과 산업화가 가져온 환경오염의 결과가 아니고 또 무엇이겠는가? 어린 시절에 밤하늘의 별을 보며 꿈을 키울 수 있는 낭만을 앗아간 어른들의 죄업을 생각하면 모골이 송연竦然하지 않을 수 없다.

따지고 보면 아주 예전에 우리 인간을 비롯한 모든 존재는 모두 별이었던 셈이다. 원래 사람들의 몸속에 있는 탄소와 산소는 애초에 별의 내부에서 처음 만들어진 것이고, 또 우리 몸을 이루고 있는 원자들도 모두 별에서 생겨난 것이다. 이 모든 것이 별의 생멸生滅 및 별의 내부에서 벌어진 핵융합과 무관한 것은 하나도 없다는 것이다. 우리가 밤하늘의 별을 쳐다 보며 깊은 사념思念에 빠진다거나 낭만에 젖는 것도 어쩌면 먼 옛적의 고향과 통하기 때문인지도 모른다. 그렇다면 우리는 환경에 대해서 보다 깊은 관심을 가져 우리의 후손들도 밤하늘의 별을 세면서 옛 고향을 그려보는 낭만에 젖을 수 있도록 해야 하지 않겠는가!

'나' 아닌 '우리'의 삶

사람은 태어나면 누구나 싫든 좋든 삶이라는 긴 여정旅程에 들어선다. 그러나 그 삶이라는 길은 한결같지 않고 평탄하지 않음은 물론 앞길을 알 수도 없다. 어디 그뿐인가? 그 길고도 험한 여정이 자기의 뜻대로 되는 경우는 거의 없다. 그러니 우리가 가고 있는 이 길은 문자 그대로 한치 앞도 알 수 없는 고행苦行의 길이요, 어둠이 짙은 밤길에 더듬더듬 발을 옮겨놓는 길이다.

사람들이 그 삶을 이어가면서 늘 머릿속을 떠나지 않는 것은 오로지 '나'라는 존재뿐이다. '나', '내것', '내 가족', '내 자식', '내 집' 등 '나'를 빼고 나면 남는 것이 없다. 삶이라는 길을 헤매면서 오로지 '나'라는 굴레에 매어 어디로 가는지도 모르고 끌려가고 있는 것이다. '나'에게 조금이라도 좋은 것 같으면 삼키고, '나'에게 나쁘다 싶으면 곧 뱉어버리는 것이 우리의 삶이다. 그러나 막상 그 '나'라는 것을 챙겨보면 정체를 알 수 없고, 그것을 파고들어 가면 갈수록 더 미궁迷宮에 빠져드는 것이 '나'다. 우리는 삶의 길에 들어서기가 무섭게 실체도 알 수 없는 '나'에 매어 지내면서 한 때도 그 '나'로부터 자유로울 때가 없다. '나'는 과연 무엇일까? 이 몸? 마음? 아니면 몸과 마음이 합쳐진 사람? 이것이라고 꼭 찍어서 말할 만한 '나'는 잡히지 않는다. 그럴 수밖에 없는 것이 우리는 자나 깨나 '나'에 매어 살지만, 실상 따지고 보면 '나'라고 내세울 만한 실체가 없고, 오직 마음이 만들어낸 인습적因襲的인 상相이 '나'이기 때문이다.

그런데 현실적으로 우리의 삶에 '나'만을 위한 것은 없다고 해도 과언이 아니다. 간단한 예로 농사짓는 사람을 보자. 가용家用의 식량을 얻는 한편 수확한 농산물을 내다 팔아 자식의 교육비 등에 충당하려고 농업에 종사하는 경우, 얼핏 보면 농사짓는 사람이 자기를 위해서 하는 일처럼 보이지만 자세히 살펴보면 결과적으로 남을 위한 면이 더 많음을 알 수 있다. 물론 농부는 그가 가꾸어 수확한 농산물을 팔아 약간의 돈을 손에 쥐게 되지만 농부가 내다 판 쌀이나 채소는 도시로 팔려나가 다른 많은 사람들의 식탁에 오르게 됨으로써 도시민들의 건강을 도모하게 됨은 물론, 농산물의 유통과정에 참여한 사람들의 수익원收益源이 된다. 그러니 과연 어느 것이 앞이고 어느 것이 뒤인지 가닥을 알 수 없을 정도로 알게 모르게 서로 얽혀 삶을 이어가고 있는 것이다.

나아가 '나'라는 일인칭一人稱은 '너'라는 이인칭二人稱이 있어서 존재할 수 있고, 그 '너'의 입장에서 보면 '나'가 아니라 '너'일 뿐이다. 결국 우리는 모두 '나'를 내세우며 살지만, 동시에 모두 '너'

이기도 한 것이다. 쓸 데 없고 허울 좋은 굴레만 벗어던지면 모두가 하나인 '우리'이다.

원래 이 우주는 만물이 서로 어울려 의지하며 살아가게 되어 있고, 무엇 하나 저 홀로 살아갈 수 있는 독불장군은 없다. 그러니 어차피 가는 길이고 가야할 길이라면 서로 어울려 함께 가는 것이 좋다. 서로 웃으면서 이야기도 하고 힘들어하는 사람이 있으면 부축하면서 곧은 길로 바르게 가는 것이 좋다. 구태여 실체도 없는 '나'나 '너'를 들출 것 없이 우리 모두 오순도순 손잡고 가는 것이 좋다. 그러다 지치면 길가에 앉아 아무렇게나 핀 이름 모를 꽃도 보고 하늘 높이 흘러가는 구름도 감상하며 남은 길을 생각하는 것이 좋을 것이다.

생겨난 것은 모두 변하고 결국 사라진다. 작은 하루살이 벌레에서 우리가 발붙이고 있는 이 작은 행성보다 몇 곱절 큰 별에 이르기까지 영원히 존재하는 것은 하나도 없다. 다람쥐 쳇바퀴 돌듯 그냥 그 길을 가다가 아주 지치고 기진氣盡하면 생기기 전의 상태로 돌아가는 것이 삶이다. 어차피 돌아갈 것이면 아무 것에도 매이지 않는 것이 좋다. 그래야 돌아가는 길이 보다 수월하고 뒤가 개운하지 않겠는가!

1초의 여유

아침 신문을 들여다 보다가 문득 '1초의 여유'라는 제목이 눈에 들어왔다. 기사 내용인즉 "국제표준시계인 원자시계와 지구 자전自轉과의 괴리乖離를 맞추기 위해서" 새해 첫날인 1월 1일의 오전 9시가 평상시보다 1초 늦게 시작된다는 것이다. 이른바 윤초潤秒라는 개념을 도입해서 원자시계에 의한 국제표준시간과 지구의 자전 사이에 생기는 간극이 누적되어 큰 오차가 생기기 전에 지구의 자전에 맞추어 시간을 보정補正한다는 것이다. 국제표준시를 알리는 세슘cesium시계가 등장하더니, 윤일閏日(양력의 윤년)과 음력의 윤달에 이어 이제 윤초까지 나타난 것이다.

 1초도 시간의 길이임에는 틀림없지만, 우리의 일상생활에서 1초라는 것은 거의 별다른 느낌 없이 보내지고 있는 것이 사실이다. 또 초 단위로 볼때 우리가 팔에 차고 다니는 시계는 물론 벽에 걸려 있는 시계들의 시간은 제가끔 다 다른 것이 보통이다. 그러니 1초의 의미를 느끼고 소중하게 다루는 것은 고도의 정밀을 필요로 하는 과학의 세계에나 타당한 일로 보여진다.

물론 고개를 쳐들고 맑게 갠 밤하늘을 가득 채우고 있는 무수한 별들을 보노라면 모두가 제자리를 지키면서 질서정연하게 자기의 궤도를 돌고 있음을 알 수 있다. 이들이 1초는커녕 1초의 몇 십 분의 1만 그 궤도에서 어긋나도 별들의 인력引力과 척력斥力의 균형이 깨져 다른 별에 빨려들거나 튕겨져 나감으로써 결국 그 생명을 잃게 되는 처참한 사고로 이어지고 말 것이다. 어디 그뿐인가? 이 세상에서 삶을 이어가고 있는 모든 것을 이루고 있는 인자因子인 원자 속에서 그 원자핵nucleus의 둘레를 돌고 있는 전자electron의 속도는 초속 600마일에 이른다는 것이며, 빛의 속도는 1초에 무려 186,000마일이나 된다니, 그렇게 보면 1초의 길이도 제법 긴 것임을 알 수 있다. 그러나 역시 초秒 단위의 시간이라는 것은 인공위성이나 요격미사일을 비롯한 정밀과학의 세계에서나 크게 관심을 가질 일이지 우리의 일상생활과는 거리가 먼 것임을 부인할 수 없다.

오히려 눈을 오늘날 우리의 일상생활에 돌려보면 사람들은 날이 갈수록 '더 많이'와 '더 빨리'에 쫓겨 한치 앞을 내다볼 마음의 여유도 없는 예가 많다. 내가 무엇인지? 산다는 것이 무엇인지? 내가 하고 있는 일이 어떤 가치가 있는 것인지? 따위에 대한 생각은 접어두고라도, 자기의 오늘을 직시直視하면서 둘레를 돌아보고 앞을 내다볼 수 있는 마음의 여유가 없는 것이 보통이다. 내가 어렸을 때만 해도 시계가 없이도 큰 불편 없이 지냈고, 몇 분 정도를 가지고 이러쿵저러쿵 하면 오히려 천박한 사람으로 치부되었다. 기원전 약 600년대인 부처님 재세 당시의 인도에서만 해도 낮이 초일初日(아침), 중일中日(낮), 후일後日(오후)의 셋으로 나뉘고, 저녁은 초야初夜(초저녁), 중야中夜(밤중), 후야後夜(새벽녘)의 셋으로 나뉘어, 하루가 여섯 시간대로 구분되었었다. 또 그 뒤의 중국이나 그 영향을 받은 우리나라에서는 하루가 지지地支에 따른 자시子時에서 해시亥時까지의 12시간으로 나뉘어, 한 시간이 오늘날의 두 시간에 상당한 것이었으니, 당시의 생활만 해도 시간적으로 퍽 여유 있는 것이었음을 알 수 있다. 그러나 과학기술이 눈부시게 발달하기 시작한 근대산업사회나 컴퓨터와 인터넷 그리고 휴대전화가 일상화한 근래에 와서는 사정이 크게 달라졌다. 마치 전혀 다른 세상에서 살고 있는 것 같은 착각마저 든다. 사정이 이쯤 되니 스트레스에 시달리지 않으면 마치 현대인의 대열에서 벗어난 것처럼 느껴질 만큼 세상이 각박해졌다. 더 늦어지기 전에 우리는 생활의 리듬rhythm을 조절하여 여유와 유연성을 되찾도록 할 일이다. 1초의 여유는 과학 세계를 즐기는 분들에게나 맡기고 말이다.

늙음의 보람

젊음의 보람을 노래하는 수는 많지만, 늙음을 보람으로 내세 우다는 것은 그리 흔한 일이 아니다. 그러나 가만히 생각해 보면 늙음이야말로 젊음에 비해서 여러 모로 보람을 느낄 수 있는 것 이 사실이다. 우선 늙는다는 것은 커가는 것이고, 익어가는 과정 이며, 그것은 매우 자연스런 현상이다. 모든 생물은 나이를 더하 면서 스스로 변하고 알이 차며, 결국 가야할 곳에 당도하게 된다. 풍성한 녹음을 드리우는 한창 때 나무도 좋지만 아름드리 고목이 풍기는 의젓함에 견줄 것이 못되고, 화려하게 피어오른 꽃을 마 다할 이 없지만 꽃잎이 지고 오동통한 열매를 맺은 풍성함만 못 한 것은 사실이다. 등산을 하더라도 위를 향해서 힘써 오르는 즐 거움도 있지만 목표인 정상을 눈앞에 두고 올라온 길을 되돌아보 며 확 트인 아래를 내려다보는 재미는 이루 말할 수 없는 일이다.

용케도 큰 탈없이 여기까지 왔다는 안도와 함께 보람을 느낀다. 제행무상諸行無常이라 했지만, 변하고 또 변하는 가운데 온갖 궂은 일이 도사리고 있는 가시밭길을 잘도 헤쳐왔다는 생각이다. 물론 늙으면 그 기력이 젊음의 왕성함만 못하지만 스스로 고요함을 즐길 수 있는 여유가 있어 좋고, 무엇인가를 성취하겠다는 왕성한 의욕은 멀리 떠나보냈지만 삶에 쫓기지 않고 차분하게 챙길 수 있다는 것은 분명 늙음의 보람이다. 늙다보니 항상 무엇인가를 이루려는 조급함을 떠나 마음이 다소 넉넉함을 찾게 된 것도 큰 보람 가운데 하나이다.

더욱 좋은 것은 갑년甲年을 맞아 인생을 한 바퀴 돈 다음부터는 마음농사를 짓기 시작할 수 있어서 무엇에도 비길 수 없는 즐거움을 느낀다. 사실 사람이란 몸과 마음으로 이루어져 있다고들 하지만, 지난날의 삶을 되돌아보면 몸만을 생각하고, 몸만으로 살아왔다는 것이 숨길 수 없는 사실이다. 몸만 건강하면 그것으로 족한 줄 알고 몸이 조금만 이상해도 곧 약을 먹는다든가 병원을 찾는다 하여 몸에 온 정성을 쏟은 것이 젊었을 때의 일이다. 어디 그 뿐인가? 늙음의 덕으로 이제 마음에 관심을 갖고, 조금이라도 마음을 가꿀 수 있게 되어 더할 수 없는 보람을 느낀다.

사실 챙겨놓고 보면 우리의 주인은 마음이다. 일체유심조一切唯心造라고 했듯이 마음이 우리의 주인이다. 모든 일은 마음이 분별하고 마음에서 우러난다. 그 마음이란 것이 워낙 요사스러워 한 순간에도 구만리를 왔다갔다 하고, 백 여덟 가지 생각이 생멸生滅한다고 한다. 사람들이 그러한 마음에 끌려다니다 보니 삶이 고달픈 것이다. 그러다가 이제 나이가 들어 지나온 길을 되돌아 볼 여유가 생기다보니, 마음에 소홀했던 지난날이 아쉽고 마음에 미안하기 이를 데 없다. 그러나 이제라도 깨닫고 마음을 달래게 되었으니, 늙음의 보람이 아니고 무엇이랴! 나이가 들어 집안 일을 챙기거나 처자식을 보살피는 일이 마무리되는 나이에 출가하여 마음공부에 정진하던 먼 선인들의 일을 이해할 수 있을 것 같다. 아무쪼록 마음농사를 풍성하게 지어 늙음의 보람을 제대로 즐길 날을 그려본다.

불도佛徒가 되고 싶다

나는 불교를 좋아한다. 그래서 불도佛徒가 되고 싶은 것이다. 다만 아직 내가 불교도라고 내놓고 이야기할 만한 처지에 있지 못한 것이 안타까울 뿐이며, 그래서 참된 불도가 되기 위하여 정진精進할 따름이다.

내가 불교를 좋아하는 이유는 이루 헤아릴 수 없이 많지만 구태여 한 마디로 말한다면 "불교는 마음에 와 닿으니 좋다".

불교는 그 교조敎祖를 우리의 손이 닿지 않는, 우리와는 별개의 존재인 신神이라든가 신의 아들로 꾸미지 아니하고, 우리와 같은 사람으로 자처自處한다. 불교는 석존釋尊께서 출가出家 성불成佛하시기 전에 석가족釋迦族의 태자太子인 고타마 싯달타Gotama Siddahttha였음을 스스로 밝힌다. 왕자도 하나의 사람임에 틀림없고, 또 부귀영화의 상징이라고도 할 수 있는 왕자였기에 그의 출가 수행은 더욱 값진 일이 아닐 수 없다. 불조佛祖이신 석가무니불釋迦牟尼佛께서 우리와 같은 사람이었고 또 그 분이 모든 사람의 가슴속에는 불성佛性이 간직되어 있다고 밝히신 것은 우리에게 커다란 격려激勵임과 동시에 매우 큰 용기勇氣를 주신 것이라 아니할 수 없다. 그러므로 불교는 신神의 것이 아니라 사람의 것이고 나의 것이다. 결국 부처란 멀리 있는 것이 아니라 바로 우리 속에 있는 것인데, 끊임없는 연마로 불성佛性을 캐내지 아니하고 멀리서 부처를 우러러 보고 있을 뿐이다. 땅속에 묻힌 보석을 캐내어 탁마琢磨하지 아니하면 보석 구실을 할 수 없는 것과 다를 바 없다.

불교는 참된 종교성을 제시한 것이어서 좋다. 불교의 불리敎理는 참으로 오묘奧妙 불가사의不可思議하여 얼핏 이해하기 힘들고 밑이 보이지 아니한다. 그러나 그것은 그럴 수밖에 없는 일이라고 생각된다. 불교는 인간을 포함한 생물의 본질을 깨우치고 우주의 진리를 밝힌 것이어서 그 교리가 오묘할 것은 당연하다. 생물의 본성이나 진리는 그대로 존재하는 것이지, 사람의 이해를 돕기 위해 변질變質될 수는 없는 것이다. 만일 종교의 교리나 진리라는 것이 인간이 이해하기 쉽도록 타협妥協된 것이라면 쉽게 허구성이 드러나지 않을 수 없고, 나아가 종교적일 수가 없다.

불교는 실천적實踐的이어서 좋다. 불교의 교리敎理는 '공空' 즉 '무無'에 그 근본을 찾는 것이라고 하여 허무주의虛無主義에로 통하는 것처럼 잘못 이해하는 사람도 없지 아니하다. 그러나 무無이기 때문에 유有와는 달리 없어질 수 없고 탄탄한 것이며, 공空 즉 비어 있기 때문에 무엇이든 수용하고 제 구실을 할 수 있는 것이다. 물이 꽉찬 그릇은 더 이상 그릇 구실을 할 수 없고, 글씨로 꽉찬 칠판은 더 이상 칠판일 수 없는 일이다. 무엇이든 제구실을 하기 위하여는 비워야 하고, 그 빈 상태로 8정도八正道를 이루도록 실천성을 부여한 것이다. 내가 이해하기로는 불교는 고苦나 낙樂이라는 양극兩極이 아니고 중도적中道的인 8정도를 제시함으로써 실천성을 부여하고 있는데, 이는 럿셀B. Russell이 설명한 중성적中性的 일원론一元論의 근원이 된다. 참된 종교宗敎는 본질성本質性과 함께 실천성實踐性의 제시가 있어야 한다.

흔히 인간은 사회적 동물이라고 한다. 그러나 인간만이 아니라 모든 생물은 서로가 보완적인 관계에 있는 사회적인 존재임에 틀림 없다. 사람이 오로지 사람들만으로 어울려 살 수 없고, 새들이 다른 생물들과 동떨어져 새들만으로 살 수 없는 것은 그 까닭이며, 그래서 뒤늦게나마 환경보전과 생물다양성보존에 관한 관심이 제고되고 있는 것은 참으로 다행한 일이 아닐 수 없다. '나'라는 관념觀念은 '너'의 존재存在를 전제로 하는 것이고, 그 너와 나는 곧 합하여 우리인 것이다. '너'가 없는 상태에서 '나'라는 존재만이 있을 수 없는 것이다. 그러므로 구태여 '나'나 '너'라고 할 것이 없다. 무아無我의 뜻을 조금은 알 것도 같고, 무주상포시無住相布施의 관념도 결국 여기에서 연유緣由되는 것 같다.

아무튼 불교佛敎의 진리眞理는 오묘 불가사의하여 이해하기도 쉽지 않고 행行하기는 더욱 어렵다. 불도佛徒가 될 수 있기 위하여 오직 정진을 계속할 따름이나, 과연 언제 참된 불도가 될 수 있을지…

있는지 없는지

사람이 삶을 계속해 가는 과정에서 가장 관심이 많고 또 말썽을 부리는 것이 '있다'는 것과 '없다'는 것일지도 모른다. 우선 사람은 살아가기 위해서 먹을 것이나 입을 것이 있어야 한다는 것은 누구나 잘 아는 일이지만, 사람들은 너나 할 것 없이 남보다 더 갖기를 원하고 더 있어야 흐뭇해하는 것이 보통이다. 그런가 하면 없는 사람은 있는 사람을 시기하다 못해 헐뜯기까지 함으로써 스스로의 허전한 마음을 달래려 한다. 사람들 사이에 시비가 일고 세상이 어지러운 것도 따지고 보면 그 알량한 있는 것과 없는 것으로 말미암은 경우가 대부분이다.

그러나 사람들이 목숨을 걸고 추구하는 '있다'는 것이 과연 무슨 의미가 있는 것인지를 생각할 때, 사람들의 어리석음을 새삼스러이 느끼지 않을 수 없다. 구태여 모든 존재하는 것의 성주괴멸成住壞滅을 들춘다거나 사람은 누구나 할 것 없이 빈손으로 왔다

빈손으로 간다는 엄연한 사실을 들먹이지 않더라도 '있다'는 것과 '없다'는 것처럼 상대적이면서도 애매한 것이 없다.

'있다'는 것은 원래부터 스스로 있는 것이 아니라 '없다'는 것에서 비롯된 것에 지나지 않는다. 마치 1이 없이 2가 있을 수 없고, 0이 없다면 1도 의미가 없는 것과 같은 이치이다. 그런데도 사람들은 각자의 불완전한 감각기관에 투영投影된 형상을 인식하고 분별을 일으킴으로써 '있다' '없다'에 매어 일희일비一喜一悲를 거듭하고 있는 것이다. 우선 거울의 경우를 예로 들어 보자. 커다란 거울 앞에 어떤 물건이 놓여있다면 거울은 그 물건을 있는 그대로 비추지만, 거울 속의 물건은 실제 물건이 아니고 하나의 영상에 불과한 것이다. 그렇다고 해서 아무 것도 없는데도 거울 속에 허상이 나타나는 것은 아니며, 거울 앞에 그 물건이 있음으로 해서 거울 속에 상이 비추는 것이니, 반드시 허상이라고만 할 것도 아니다. 그런데 같은 거울의 뒤쪽에서 본다면 거울 앞의 것이 보이지 않고, 무엇이 있는지조차 알 수가 없다. 그렇다고 거울 앞의 것이 없는 것은 아니고, 오직 보이지 않을 따름이다. 그러니 보여야만 있는 것이고 보이지 않는다고 해서 꼭 없는 것이라고 하기는 어려운 노릇이다.

그렇다면 그 거울이라는 것은 무엇인가. 유리에 수은을 칠한 것이 거울일 뿐이다. 그러니 유리에 수은이 칠해졌다는 단순한 사실 하나로 물건이 보이기도 하고 보이지 않기도 한다. 우리의 육안이 얼마나 불완전한 것인지를 실감하게 하는 것이다.

그것은 눈만의 일은 아니다. 우리의 육근六根이 모두 그렇다.

'있다'고 해서 그 있는 상태가 늘 계속되는 것이 아님은 물론 '있는 것'은 모두 한 때도 쉬지 않고 변하고 있는 것이어서 완전하게 '있는 것'이란 없는 셈이다. 그럼에도 불구하고 사람들은 '있는 것'이라는 허상을 좇아 온갖 짓을 다한다. '있다'는 것에 대한 집착을 내려놓고 나면 오히려 마음이 넉넉해져서 모든 것이 내 것일 수 있고 세상살이가 훨씬 편해질 것 아닌가! 언젠가 법정스님이 쓴 '무소유'라는 이름의 수상집을 읽으면서 무소유심無所有心이 곧 무상심無相心이라는 것을 느낄 수 있었다. 제대로 있는 것도 아닌 온갖 거추장스러운 것들을 훌훌 집어던지고 나면 마음이 맑게 개인 가을하늘처럼 휜칠해질 것 아닌가 싶다.

난蘭의 매력

강북에 있던 사무실을 강남의 현재 위치로 옮겨올 때 누군가가 보내준 동양란들의 꽃을 본 다음, 아무래도 사무실에서는 제대로 키울 수 없을 것같아 집으로 가져온 것이 벌써 일년이 훨씬 넘었다. 물론 집이래야 아파트이고 보니 따로 뜰이 있는 것도 아니고 창문을 활짝 열어놓을 수 있는 상황도 아니지만, 그래도 아예 창이 없는 사무실보다는 나을 뿐 아니라 아침 저녁으로 들여다 볼 수도 있고, 때맞추어 물을 줄 수도 있어서 난에게 사무실보다는 훨씬 좋은 환경일 것이다. 그러나 참으로 말한다면 난 보다도 오히려 우리 두 식구에게 좋다. 우선 집안에 푸르름이 더해서 좋고, 들여다보고 가꿀 수 있는 것이 있어서 좋으며, 우리와 함께 숨을 쉬는 것이 더해져서 좋다. 같은 좁은 공간에서 함께 숨을 쉬는 것이 있다는 것, 그것도 서로에게 이로움을 주는 식물이 함께 있는 것이 여간 좋지 않다.

난 하면 단연 동양란이 으뜸이다. 우선 기상이 늠름한 잎의 선은 그렇게 고을 수가 없고, 비료를 탐하지 않으며, 꽃의 청초함은 이루 말할 수가 없다. 동양란 가운데에서도 관음소심은 단연 첫손가락으로 꼽을 만하다. 한 점의 무늬도 없이 해맑은 꽃이며, 그윽하게 퍼지는 맑은 향은 가히 '관음'소심이라는 이름에 손색이 없다. 양란의 꽃은 화려하다 못하여 오히려 탐욕스러워 보이기까지 하고 그 잎에서는 멋이라는 것을 찾을 수가 없다.

일주일 전 새벽에 일어나 부엌 창가에 들러 커튼을 올리고 난을 들여다보니 충실한 꽃대가 올라오고 있는 것 아닌가! 별로 갖추어지지 않은 환경에서도 꽃을 피울 모양이다. 그 때부터 우리 두 식구는 시시각각으로 달라지는 꽃대를 보며 마음에는 벌써 꽃이 피고 있었다. 그런데 이게 웬 일인가! 꽃대가 매일 하나씩 더하여 모두 네 대가 오동통하고 탐스러이 솟아오르고 있는 것이다. 그 사이에 맨 먼저 올라온 꽃대에서는 벌써 청초한 꽃이 피었다. 별로 해준 것도 없는데 난은 우리에게 이처럼 아름다운 꽃을 선사하고 있는 것이다. 마침 생일을 눈앞에 둔 때라 느낌이 남달랐다.

난을 보고 있노라면 많은 것을 느끼게 한다. 동양란은 흙이 너무 기름져도 안되고, 물을 너무 자주 주어서도 안된다. 특히 동양란은 뜨는 해를 좋아하고 오후의 지는 햇살을 싫어하며, 햇빛이 너무 강한 것도 좋지 않다. 그러니 난은 탐욕을 멀리한 식물이고 절제를 즐기는 식물이라고 할 수 있다. 동양란의 꽃은 화기花期가 길지는 않지만, 질 때가 되면 깨끗이 떨어져 지저분하지 않다.

어디 그뿐인가? 동양란은 꽃도 좋지만, 하나 하나의 잎의 선은 절묘하기 이를 데 없다. 동양란을 사군자 가운데 하나로 삼은 뜻을 알 만하다.

탁발托鉢의 교훈

　내가 어렸을 때에는 탁발托鉢 나온 스님을 자주 대할 수 있었다. 대문 밖에서 목탁치는 소리와 함께 스님의 불경소리가 들려오면 어머님께서는 으레 밥그릇에 쌀을 가득히 가져다 주시곤 하였다. 영문을 알 수 없어 그 까닭을 물으면, 보시하는 복덕을 쌓는 것이라고 일러주셨다. 그러나 어린 나로서는 그 뜻을 이해할 수 없었던 것이 오히려 자연스러운 일이었을지도 모른다. 그런데 꽤 오래 전부터 탁발하는 스님의 모습을 통 볼 수가 없어졌고 왠지 서운한 느낌마저 든다. 국민의 경제적인 여건이 좋아진 탓으로 절을 찾는 시주가 많아져서 구태여 탁발을 할 필요가 없어진 것도 이유의 하나가 되겠지만, 그 보다도 급격한 도시화 현상과 주택구조의 변화로 말미암아 종래와 같은 탁발이 적합하지 아니한 것도 이유가 될성 싶다.

　그런데 몇년 전에 업무관계로 태국 방콕을 방문하였을 때의 일이다. 아침 이른 시간인데 잘 익은 파파야나 망고 속을 연상시키는 빛갈의 승복을 걸친 스님들이 줄을 지어 발우를 들고 탁발하는 모습이 눈에 띄었고, 집집마다 약간의 과실이나 음식물을 들고 나와 공손하게 발우에 담아주는 것이 퍽 자연스러워 보였다. 다음날 아침에도 똑같은 광경이 눈에 띄었다. 태국이 불교국가라는 사실을 모르는 바는 아니었지만, 이처럼 불교가 생활화되어 있고 또 탁발수행의 전통이 그대로 지켜지고 있음을 보고 깊은 감명을 받았다.

탁발은 카톨릭의 프란시스코회나 도미니크회, 그리고 자이나교에서 더러 볼 수는 있으나, 일반적으로는 불교의 것으로 단순히 먹을 것을 얻는 수단이 아니라 그 자체가 하나의 수행이며, 스님의 소박한 생활을 표방하는 깊은 뜻을 담고 있는 것이다.

탁발은 나我에 대한 상相을 버리게 하는 첩경이다. 사람이 남에게 음식을 비는 것처럼 체면이 깎이고 쑥스러운 일은 없을 것이다. 그러므로 탁발을 한다는 것은 자기의 명예, 체면 및 자만심 같은 것을 모두 버리고 꾸밈이나 거짓 없는 참 사람의 모습으로 돌아가게 하는 길이 되는 것이다. 금강경의 첫장에 나오는 법회인유분法會因由分에 의하면 부처님께서도 비구들과 더불어 사위성舍衛城에 드시어 탁발을 하셨다는 것이니, 이는 탁발이 중요한 수행수단의 하나임을 알 수 있게 하는 대목이며, 특히 귀족이나 부유층과 같은 상류층의 출가 수행자가 많았던 초기불교에서 탁발을 중히 여겼던 뜻을 알 것도 같다.

탁발은 보시하는 이의 복덕을 길러주는 공덕이 담긴 것이다.

사람들이 보시하는 경로는 여러 가지가 있겠으나, 탁발을 함으로써 작으나마 보시의 복덕을 쌓을 수 있는 손쉬운 기회를 마련하여 주는 것도 스님으로서 마땅히 할 덕목의 하나라고 할 것이다. 그렇기 때문에 부처님께서는 보시하는 복덕을 골고루 그리고 평등하게 길러주는 뜻에서, 탁발에 나서면 빈부를 가릴 것 없이 차례로 일곱 집까지만 탁발을 받도록 하셨다고 한다. 여기에 우리는 불교가 지니는 평등사상을 엿볼 수 있다.

사실 탁발은 오늘에 사는 우리 모두에게도 시사하는 바가 매우 많다. 오늘의 사회를 보면 자기PR시대라고 하여도 지나침이 없을 만큼 '나'를 과시하고 철저히 자기중심적으로 행동하며, 남에게 조금이라도 꿀리지 않기 위하여 허세를 부리는 모습이 널리 만연되어 있다. 경제의 성장으로 인하여 물질적인 풍요가 더하여졌다면, 그에 걸맞게 정신함양에도 관심을 가짐으로써 외형과 내면의 조화를 도모하는 것이 바람직한 일이다. 그럼에도 불구하고 외형중심으로, 그것도 '나만의 외화外華를 취하여 치달음으로써 물질과 정신, 외형과 내면의 균형이 깨어진 상태가 곧 우리의 눈앞에 전개되고 있는 오늘의 볼썽사나운 사회상이라고 아니할 수 없다. 탁발하는 스님의 모습을 연상하면서 낯설은 사람들과 더불어 공중탕에 들어앉은 '나'를 그려보는 것도 결코 헛된 일은 아닐 것이다. '나'에 얽매이지 않고 수분석복守分惜福하는 지혜로 탁발의 교훈을 익힐 필요가 있다.

웰빙

근년 들어 웰빙well being이라는 말이 일종의 유행어처럼 사용되고 있다. 신문이나 잡지가 웰빙에 관한 특집을 내기까지 할 정도이니 더 말할 것이 없다.

시대나 나라를 가릴 것 없이 사람이라면 누구나 할것없이 행복을 추구하고 잘 살기를 원한다. 사실 사람의 삶이란 행복해지고 잘 살기 위한 과정이라고 해도 과언이 아니다. 문제는 그 행복이라거나 잘 산다는 것이 과연 무엇이며, 어떻게 이룰 수 있는가라는 데 있다. 어떤 사람은 천만금을 가지고 고대광실高臺廣室에서 살면서도 부족하여 가슴을 태우는가 하면, 어떤 사람은 하루에 겨우 세 끼의 밥에 허름한 단칸방에 살면서도 이만하면 살만하다고 이마를 펴는 사람도 있다. 어디 그뿐인가? 시골 면장만 해도 마음이 흐뭇하여 제법 으쓱대는 사람이 있는가 하면, 장관을 하고도 부족하여 무엇인가를 더해 보려고 갖은 추태를 다 부리는 사람의 예도 결코 적지 않다. 결국 행복이라거나 잘 산다는 것은 각자의 마음에 달린 매우 주관적인 것이어서 일률적으로 판단하거나 개념지우기 어려운 것이 사실이다.

그런데 한 가지 분명한 것은, 사람이라면 거의 예외 없이 행복을 추구하고 잘 살기를 간절히 염원해 왔다는 것은 우리의 일상생활이 행복으로 가득하거나 잘 산다고 만족할 만한 것이 아니라는 것을 반증하는 것으로 볼 수 있다는 것이다. 만일 인간의 삶이 일반적으로 행복한 것이고 잘 사는 것이라면 동서고금東西古今의 사람들이 그처럼 행복을 추구하고 잘 살기 위하여 발버둥칠 까닭이 없기 때문이다. 흔히 웰빙이라고 하면 물질적인 풍요나 편의라든가 외형적인 명예를 염두念頭에 두고 물질적으로 편리하고 여유로운 생활 정도로 생각하는 것이 보통이다. 그러나 물질이나 명예라는 것은 매우 무상한 것이어서, 있다가도 없어지고 없다가도 생기는 것이기 때문에 종잡기 어려움은 물론, 재물이나 명예를 쫓다가 뜻대로 되지 않으면 불만스러워 고민하게 되고, 있던 것이 없어지거나 변하면 실망이 크고 고민에 쌓이는 것은 쉽게 짐작할 수 있는 일이다. 더욱이 오늘날 보는 바와 같이 모든 영역에서 경쟁이 심하고, 속도적으로 '빨리'와 양적으로 '더'가 지배하는 상황 속에서는 갖가지 스트레스가 쌓이지 않을 수 없는 일이다. 아무리 재물이 많고 생활이 물리적으로 편리하다고 하더라도 스트레스에 쌓여 있는 한 마음이 편치 않고, 마음이 편치 않으면 만사가 괴로워지기 마련이다. 백팔 번뇌가 바로 그런 것이 아니고 무엇이겠는가?

모든 일은 마음에 달렸다고도 하고, 모든 것은 마음이 만든다 一切唯心造고도 한다. 마음이 넉넉하고 평안하면 그것이 곧 웰빙인 것이다. 그러니 웰빙의 바탕은 바로 우리 자신의 마음에 달린 것이라고 할 수 있다. 그런데 사람들은 물질이나 겉으로 드러난 것에 매어 정작 소중한 마음에 관해서는 소홀한 것이 보통이다. 하루에도 몇 차례씩 얼굴을 씻고 화장품을 찍어 바르면서도 마음을 다듬을 생각은 하지 않는다. 그러면서 입으로는 웰빙을 뇌이고 잘 살기를 갈망한다. 그러니 참된 웰빙이 실현될 까닭이 없다. 모든 일을 긍정적으로 보고 만족할 줄 아는 삶을 사노라면 마음이 편해지고, 바로 그 곳에 웰빙이 있음을 알게 된다. 부처님께서 인생을 괴로움苦으로 보시고, 그 괴로움의 원인苦集을 살피신 다음, 괴로움은 없앨 수苦滅 있음을 확언하시면서, 그 괴로움을 없애는 방도苦滅道를 제시하신 것은 바로 사람들의 실상을 직시하시고 사람들을 괴로움에서 건져내기 위한 길을 제시하신 것이니, 부처님의 가르침을 실천하여 마음을 고르는 것이야말로 참된 웰빙을 위한 첩경이라고 하겠다.

조화 속에 질서가 있다

자동차의 오디오에서 차이코프스키의 피아노 협주곡 1번이 은은하게 흘러나온다. 나는 출근이나 퇴근길에 차 속에서 고전음악을 듣는 것이 즐거움 가운데 하나이다. 특히 KBS의 클래식FM과 같은 음악 전용 채널이 있어서 좋다. 나에게 고전음악은 우선 차분하게 마음을 가라앉혀 몰입할 수 있어 좋고, 서로 다른 여러 악기들이 조화롭게 내는 소리를 통해서 세상을 배울 수 있어 좋다. 또한 주변의 잡스런 소리를 막아주어 좋고, 아무리 들어도 실증나지 않아 좋다. 독주곡의 경우와는 달리 교향곡이나 협주곡은 여러 종류의 관악기와 현악기가 동원되어 각기 다른 소리를 내면서도 전체로서 조화된 아주 좋은 음악을 만들어낸다. 하나하나의 악기의 소리를 살리되 두드러지지 않고, 전체의 소리가 합일되지만 각각의 소리를 알맞게 나타내는 묘미가 바로 합주곡을 즐기게 하는 비결인 것 같다. 교향악단을 구성하는 데 있어 어느 한 악기라도 그 소리가 너무 두드러지면 벌써 그 연주는 화음이 깨지고 순간적으로 듣는 이의 눈살이 찌푸려진다.

이러한 예는 음악의 경우만이 아니다. 우리 주변의 모든 것이 마찬가지 이치에 따라 움직이는 것 같다. 시골길을 걸으면서 주변을 살펴보면 그 풍광이 전체로서 자연스럽게 조화를 이루고 있어 무리한 것이 하나도 없다. 그 속에서 삶을 이어가는 사람이 그와 하나가 될 때, 마음의 평안을 얻을 수 있음은 당연한 일이다. 그런데 그러한 조화를 깨는 것이 바로 사람이다. 나지막한 산들이 이어지고 마을 앞을 실개천이 흐르는 조용한 농촌마을에 주택문제를 해결한답시고 높다란 아파트를 세워놓으니 어울리지 않을 것은 뻔한 일이다. 마치 갓 쓰고 자전거 타는 격이다. 사람의 몸 또한 마찬가지다. 사람은 숨을 쉬면서 살고, 심장이 박동을 이어감으로써 산다. 그러므로 숨이 멎으면 곧 죽는 것이요, 심장이 멎어도 죽는다. 이처럼 사람은 태어나서 죽을 때까지 숨을 쉬고 심장이 뜀으로써 삶을 이어가는 것은 누구나 아는 일이다. 그런데 항상 쉬는 숨의 길이는 늘 같은 것이 아니고, 심장의 박동도 또한 항상 같은 것이 아니라 약간 불규칙하게 이루어진다고 한다. 오히려 적당한 불규칙성이 주어짐으로써 조화롭게 건강이 유지된다는 것이니, 희한한 일이 아닐 수 없다.

그러니 부분과 전체는 결코 따로따로의 것이 아니라, 전체가 하나요, 하나가 곧 전체인 셈이다. 화엄경에서 말하는 "하나 가운데 모두가 있고, 많음 가운데 하나가 있으며, 하나는 곧 모두요, 모두는 곧 하나이다."—中一切 多中一 一卽一切 多卽一—라는 진리를 이해할 수 있을 것 같다. 이 원리는 모든 경우에 타당한 일이다. 그런데도, 무명無明에 가린 사람들이 만물의 영장을 자처하면서 앞뒤 가리지 않고 자연을 마구 훼손하는가 하면, 쥐꼬리만한 권력만 쥐어도 그 티를 내느라 갖가지 분별없는 언행言行을 일삼다보니 다른 사람의 마음에 상처를 주고 사회적으로 불협화음不協和音이 잦아질 수밖에 없으며, 조화의 미를 찾기 어렵다. 정기국회의 철이어서인지 여의도가 유난히도 소란하다. 마치 그 존재를 과시하려는 듯 서로가 목소리를 높이니 소란할 수밖에 없고, 민주정치의 요체인 타협과 조화를 기대하기 어렵다. 원래 존재한다는 것은 모두 연緣에 따라 서로 의존하며 조화롭게 생주괴멸生住壞滅의 흐름을 이어가는 과정이고, 이것이 곧 부처님께서 밝히신 자연의 법칙이다. 이러한 자연의 법칙에 따라 조화롭게 신구의행身口意行이 이루어지는 것이 곧 순리이고, 순리 속에서 우리는 조화의 아름다움을 즐길 수 있음을 명심할 일이다.

어제, 오늘, 그리고 내일

아침 출근길의 자동차 오디오에서 흘러나온 목소리다. DJ가 음악을 소개하기에 앞서 하는 말이 "하루가 가고 또 같은 하루가 다시 시작되었다"고 한다. 순간 번갯불처럼 지나가는 것이 "이 세상에 변하지 않는 것이 있다는 말인가?"라는 반응이다. 크게는 우주로부터 작게는 미물微物에 이르기까지 생겨난 것은 모두 변하고 언젠가는 없어지기 마련이다. 우리가 그 속에서 삶을 이어가고 있는 하루하루도 같은 날의 반복일 수는 없지 않은가! 우선 어제의 기온과 오늘의 기온이 다르고, 어제의 하늘 모습과 오늘의 하늘 모습이 다름은 물론, 바람기와 맑고 흐림 따위가 정도의 차이는 있을지언정 모두 다르다. 내일도 또한 오늘과는 다를 것이다. 이처럼 다른 가운데 비슷한 하루하루가 쉴 새 없이 반복되고 있는 것이다.

그런 것이 어디 날만의 일인가? 그 속에서 삶을 이어가고 있는 사람도 매한가지이다. 어제의 나는 벌써 오늘의 나가 아니요, 내일의 나는 또한 오늘의 나와는 달라져 있을 것이다. 우리 몸을 이루고 있는 헤아릴 수 없이 많은 세포는 한 순간도 쉬지 않고 생멸生滅을 거듭하는 가운데 우리의 육신을 지탱하고 있는 것이니, 우리는 알게 모르게 순간마다 변하고 있음이 분명한 일이다. 그뿐만 아니라 우리는 매일매일 새로운 경험을 더하고 새로운 정보를 보태면서 살아가고 있으니, 그 점에서도 오늘의 나는 분명 어제의 나와는 다른 셈이다. 사람을 비롯한 동물들은 물론, 땅에 뿌리를 내리고 살아가고 있는 식물들도 모두 매한가지다. 정원에 서 있는 나무 한 그루 풀 한 포기를 보아도 매일 그대로인 것은 하나도 없다. 이러한 현상은 생명 있는 것에 국한되는 일이 아니라, 돌 하나 나무토막 하나에 이르기까지 모두 한 순간도 정체되어 있음이 없이 변하면서 그 자체를 유지시키고 있음을 알 수 있다.

그러나 나날은 할 일 없이 지나가는 것이 아니라 어제는 오늘의 밑거름이요, 오늘은 내일의 바탕이 되는 것으로, 어제 없는 오늘은 있을 수 없고, 오늘은 내일에 되살아나는 것이다. 우리는 여기에 변하는 가운데 변하지 않는 시간의 연속을 볼 수 있다. 이는 우리의 삶에도 그대로 타당한 이치이다. 일부에서는 부인하는 일이지만, 우리의 삶의 주변과 살아오면서 겪은 일들을 돌아보면 금생今生 만은 아닌 것이 분명한 것 같다. 삼세三世의 이음이 있고, 전생과 금생과 후생이 알게 모르게 서로 이어진 가운데, 그 중의 한 점으로서의 이 삶의 순간이 있는 것이다. 그러기에 불가佛家에서는 이르기를 전생前生을 알고자 하면 오늘의 모습이 바로 그것이요, 내생來生을 알려면 금생을 보라고 한 것이라고 하겠다. 이처럼 시간의 흐름과 그 안에서의 삶을 관찰한다면 우리는 한 순간도 헛되이 그리고 잘못된 길을 갈 수 없다. 우선 허튼 걸음으로 보낸 오늘은 바로 내일의 부실不實로 이어질 것이고, 불선不善으로 가득 메워진 금생은 내생의 씨앗이 될 것이기 때문이다. 문득 창밖을 내다보니 짙고 낮게 깔린 구름의 꼴이 내일의 비를 장만하고 있는 것 같다.

신묘한 얼굴 생김

사람의 얼굴을 들여다보고 있노라면 그 신묘함을 새삼 느끼지 않을 수 없다. 우선 그 좁은 공간에 사람의 오관五官 가운데 가장 중요한 네 가지인 눈, 귀, 코와 입이 조화롭게 배치되어 있을 뿐만 아니라, 거울의 힘을 빌리지 않는다면 스스로의 얼굴을 볼 수 없도록 되어 있다. 어디 그 뿐인가? 얼굴의 윗부분에 눈이 위치하고, 얼굴의 양 옆에 귀가 달려 있으며, 코는 얼굴의 중앙에 아래를 향하여 자리하고, 맨 밑에 입이 붙어있는데, 눈과 귀와 코 구멍은 모두 두 개씩인데 대하여 오직 입과 그 속의 혀는 하나이다. 나는 가끔 거울에 비치는 내 얼굴을 쳐다보면서 신기함을 느낄 때가 한 두 번이 아니고 또 많은 것을 배운다.

불교에서는 눈, 귀, 코, 혀에 몸과 뜻을 합쳐서 육처六處 또는 육입六入이라고 부른다. 육처는 물질, 느낌, 생각, 뜻함, 의식色受想行識을 뜻하는 오온五蘊과 함께 우리가 일상적으로 경험하는 모든 내용을 인식하는 경로이다. 우리는 육처를 통해서 보고, 듣고, 냄새 맡으며, 맛을 알고, 촉감을 느끼며, 생각을 한다. 이 가운데에서도 우리가 활동하는 데 있어 핵심적인 구실을 하는 것은 보는 눈, 듣는 귀, 냄새 맡는 코와 맛을 아는 혀임은 물론이다. 이들이 모두 얼굴에 위치하고 있다. 그런데 그들의 얼굴에서의 위치와 생김새가 생각할수록 신기하다.

 우선, 눈은 얼굴 가운데 이마 바로 밑에 두 개가 옆으로 나란히 배치되어 있을 뿐 아니라, 눈은 가로 째져 있다. 우리가 사는 지구는 전체적으로 볼 때 평면적이어서 옆으로 널리 볼 수 있어야 할 것이고, 눈이 위에 있어야 조금이라도 멀리 그리고 많이 볼 수 있을 것이다. 한 마디로 많이 잘 볼 수 있도록 한 배려라고 하겠다. 그뿐 아니라 눈은 눈꺼풀과 바로 위의 눈썹으로 보호되고 있다. 그에 비해서, 두 개의 귀는 얼굴 양쪽에 하나씩 나누어 붙어 있고, 앞과 옆의 소리를 잘 들을 수 있는 모양새를 갖추고 있다. 좌우左右와 앞의 소리를 폭 넓게 들을 수 있게 한 상태이다. 이와는 달리, 코는 얼굴의 중앙에 하나가 있으되, 두 개의 구멍이 아래로 향해 있다. 코의 주된 기능은 숨 쉬고 냄새 맡는 일이기 때문에 비공鼻孔만 두 개 있으면 되지 구태여 코를 두 개씩이나 만들어 붙일 필요는 없지 않은가! 더욱이 코가 위를 향한다거나 평면으로 되어 있다면 빗물이나 오물汚物 따위의 침투가 쉬워 여간 불편하지 않을 것을 미리 짐작한 듯하다. 입은 얼굴의 아래 부위에 하나가 가로 붙어 있고 그 속에 혀가 놓여져 있다. 입은 음식을 섭취하는 경로이면서 말소리를 내는데 이바지하며, 혀는 입에 들어오는 것의 맛을 인식하고 성대聲帶와 함께 말소리를 내는 구실을 한다. 사람은 먹어야 살고, 또 하루도 말을 하지 않고는 지낼 수 없으니, 입도 눈이나 귀와 같이 두 개쯤 있음즉 한데도 먹고 말하는 구실을 합쳐서 하나 밖에 없으니 희한한 일이다.

얼굴에 달린 눈, 귀, 코, 입을 통해서 얻을 수 있는 교훈은 한두 가지가 아니다. 각각 두 개씩 얼굴의 윗부분과 양 옆에 붙은 눈과 귀, 그에 비해서 얼굴의 아래쪽에 하나만 있는 입을 통해서 우리는 폭넓게 많이 보고 많이 듣되, 적게 먹고 적게 말하라는 교훈을 얻을 수 있다. 눈은 앞만 볼 수 있도록 되어 있고, 귀 역시 앞과 옆의 소리를 잘 들을 수 있도록 되어 있는 것은 이미 지난 과거의 일에 집착하여 뒤돌아보지 말고 현재 보이는 것과 들리는 것에 충실하라는 뜻이 함축되어 있는 것 같다. 얼굴은 원래 스스로 볼 수 없도록 되어 있다. 물에 비추어 보거나 남의 얼굴을 보고 자기 얼굴을 스스로 만져봄으로써 자기 얼굴의 모습과 눈, 귀, 코, 입의 생김 및 위치를 대강 짐작할 수 있을 뿐이다. 그런데 지혜로운(?) 사람들은 거울이라는 것을 만들어냄으로써 거울에 얼굴을 비추어 스스로의 얼굴을 볼 수 있게 되었을 뿐이다. 거울에 비춘 얼굴이 자기의 참 얼굴이 아닌 영상影像에 지나지 않는 것이기는 하지만, 그런대로 자기의 얼굴 모습의 생김을 안다는 것이 과연 좋은 일인지의 여부는 확언確言하기 어렵다. 사람의 부분 가운데 귀하고 소중한 것일수록 알기 어렵고 볼 수 없게 되어 있다. 마음이 그렇고, 뇌의 신경구조가 그 좋은 예이다. 스스로의 얼굴이 볼 수 없도록 생겼다는 것은 얼굴과 그에 붙어 있는 기관들의 소중함을 나타냄과 동시에, 그에 대한 인위적人爲的인 조작을 어렵게 하려는 뜻이 깔려있는 것이라고도 할 수 있다. 오늘날 의학의 발달에 따라 얼굴과 눈, 귀, 코, 입 따위에 대한 인위적인 조작이 얼마나 많이 이루어지고 있는지를 보아도 짐작할 만하다.

우리는 얼굴생김이 주는 교훈을 익혀 사람이 갖는 본래의 착한 성품을 되찾도록 해야 할 일이다. 눈, 귀, 코, 입의 본연의 기능을 제대로 살려, 있는 그대로 보고 듣고 냄새 맡으며 맛을 알도록 하되, 쓸 데 없는 분별을 덧붙여 집착하거나 배척할 일이 아니다. 이는 스스로 번뇌를 불러오는 일이기 때문이다. 부처님께서는 잡아함의 지경知經에서 "만일 눈에 대하여 분별하지 못하고 알지 못하며, 끊지 못하고 탐욕을 떠나지 못하면 바르게 괴로움을 다 하지 못할 것이요, 귀, 코, 혀, 몸, 뜻에 있어서도 또한 그와 같으니라. 여러 비구들이여! 만일 눈에 대하여 분별하고 알며, 끊고 탐욕을 떠나면 그는 바르게 괴로움을 다할 수 있을 것이요, 귀, 코, 혀, 몸, 뜻에 대하여도 만약 분별하고 알며, 끊고 탐욕을 떠나면 바르게 괴로움을 다할 수 있을 것이다."라고 말씀하시어, 육근六根을 바르게 알아 그를 통한 탐욕에 매이지 말 것을 강조하셨음을 거듭 되새길 일이다. 하루에도 몇 차례씩 얼굴을 씻고 찍어 바르는 일을 한 번쯤 줄이고라도, 보이지 않는 마음의 때를 씻어내고 곱게 유지하도록 배려하는 것이 마땅한 일이 아니겠는가!

지구 최후의 날 종자은행

지난 6월 19일 노르웨이에서는 이상한 행사가 벌어졌다. 환경재앙이나 핵전쟁 등으로 인해서 지구가 최후의 날을 맞이하게 되는 경우를 대비해서 약 200만 종의 다양한 종자를 저장한 이른바 '최후의 날 저장고'인 종자은행의 기공식이 거행된 것이다. 그 기공식은 북유럽 정상들이 참여한 자리로 노르웨이 총리가 주관했다고 한다.

날로 악화되고 있는 환경문제라거나 언제 어디에서 일어날지 모를 핵전쟁의 위험으로 말미암아 우리 인간을 비롯한 수많은 생물이 살고 있는 이 조그마한 행성에 언제 어떠한 재앙이 닥칠지 아무도 알 수 없는 일이며, 종교인 가운데에는 지구의 종말을 예언하면서 법석을 떠는 사례까지 볼 수 있다. 상황이 이러하니, 지구 최후의 날에 대비하는 일을 생각하는 것도 무리는 아닐 것이다. 하기야 이 세상에 생겨난 것으로 변하지 않고 영원히 존재하는 것은 없고, 형상이 있는 것들은 모두 변하고 바뀌어 결국 소멸하고 마는 것이니, 이 지구라는 별인들 그 예외가 될 수 없다. 그렇게 본다면 지구 최후의 날에 대비하여 지구상에 존재하는 약 200만 개의 종자를 모아 단단한 캡슐에 넣어 땅속 깊이 묻어둔다는 것도 크게 이상할 것이 없을지 모른다.

그러나 지구가 어떠한 의미에서건 최후를 맞게 된다면 그 종자은행의 종자는 과연 성하게 보존되고, 또 온전하게 생을 유지할 수 있을 것인지가 의문이다. 몇 가지 생각해 볼 수 있는 지구의 최후는, 첫째로 지구가 먼 훗날 그 생명을 다하여 다른 별의 경우와 마찬가지로 물리적으로 부서져 없어지는 경우이고, 다른 하나는 지구라는 혹성은 존재하지만 매우 심각한 환경파괴 등으로 생물이 생존할 수 없는 상태가 되는 경우이다. 위의 어느 경우이거나 종자은행의 종자가 그 구실을 할 수 있을 가능성은 매우 희박하다. 이와 같이 볼 때, 종자은행의 기공식이라는 것도 오늘날 살고 있는 사람의 마음을 달래기 위한 행사event의 하나라는 틀을 크게 벗어나는 것은 아닐 것 같다.

부처님께서 가르치신 삼법인三法印의 하나가 제행무상諸行無常 아닌가! 존재하는 모든 것은 인연에 따라 이루어진 합성물合成物에 불과하다. 그것은 끊임없이 바뀌고 변하여 언젠가 인연이 다하면 부서져 원점으로 돌아가기 마련이다. 밤하늘을 가득 채우고 있는 별들이라고 해서 제행무상의 틀 밖에 있는 것이 아니니, 지구라는 조그마한 혹성인들 그 예외가 될 수 있겠는가? 셀 수조차 없으리만큼 많은 별들도 끊임없이 생겨나고 변하고 소멸되는 과정을 거듭하고 있다는 것은 이미 잘 알려진 사실이다. 하물며 지구에 의지해서 살고 있는 생물이야 더 말할 나위조차 없는 일이다. 이러한 판국에 지구 최후의 날에 대비한 종자은행이라는 것을 생각한다는 것은 손바닥으로 저 넓은 하늘을 가리겠다는 것과 무엇이 다르겠는가? 오히려 지구가 온전하고, 그 위에 우리가 삶을 계속하고 있는 지금 이 순간에 지구환경을 보전하고, 지구상의 모든 것이 서로 의존관계에 있음을 명심하여 서로에게 유익한 삶을 지속하도록 하는 방편을 강구하는 것이 훨씬 현실적이고 값진 일이 아닌가 싶다.

독불장군은 없다

기회가 닿으면 지구의 허파로 불리는 원시우림原始雨林을 찾아가 보았으면 하고 벼른 지는 꽤 오래다. 물론 TV를 통해서 아마존이나 인도네시아 등의 우림을 못 본 것은 아니지만, 어쩐지 양에 차지 않아 언젠가 직접 찾아가 보려는 생각이 쌓이게 된 것이다. 그러던 차 이번에 시드니에서의 회의를 계기로 호주 북쪽의 퀸즈랜드Queensland에 있는 원시우림aboriginal rain forest을 가 보기로 했다.

호주의 원시우림은 데인트리Daintree 국립공원의 주된 부분인데 그곳에 가장 가까운 비행장은 케언즈Cairns에 있다. 호주는 다른 대륙이나 동남아에서 멀리 떨어진 남극에 가까운 외딴 대륙인 탓으로 데인트리 우림에는 다른 곳에서는 찾아볼 수 없는 독특한 종種이 많이 있을 뿐만 아니라 2,3억 년 전의 공룡기恐龍期에 있었던 것으로 알려진 소철류Cycads나 양치류는 물론 소나무의 원종인

코니퍼conifer 조차 근본적인 진화없이 서식하고 있는 곳이어서 세계적인 연구대상이 되고 있는 곳이기도 하다.

우리 일행이 머문 팜 코브Palm Cobe에서 자동차로 약 1시간 반을 달린 다음 산중 길을 한참 기어올라 10시가 조금 지나서야 목적지에 도착했는데 그곳은 데인트리 우림 안에 세워진 관측탑과 관측로가 잘 갖추어진 곳이었다. 관광객은 관측탑에 오르거나 관측로를 따라 가면서 숲속을 관상觀賞할 수 있을 뿐 노지露地를 걸어 들어가지는 못한다. 관광객들로부터 원시우림이 조금이라도 훼손되거나 오염되는 것을 막으려는 세심한 배려라 한다.

우림답게 안개비가 내리는 속에서 수십억 년을 내려온 수해樹海 속을 거닐면서 면면히 이어온 생명들을 둘러보자니 경외로움을 느끼지 않을 수 없다. 특히 하늘을 찌를 듯이 뻗어 오른 거대한 나무들은 홀로 서 있는 놈을 찾아볼 수 없다. 높이를 알 수 없는 아름드리나무에 아예 밑에서부터 기대고 올라간 나무나 장정의 팔만한 굵기의 넝쿨이 감고 올라간 것이 있는가 하면, 거꾸로 위에서부터 공기뿌리를 내리고 있는 것이나, 마치 새 둥지를 연상케 하는 갖가지 난蘭 등이 기생하여 안방이라도 차지한 듯이 무성하게 자라고 있는 것은 여간 인상적이지 아닐 수 없다. 나는 돌연히 큰 덩치의 나무들이 안타깝게 여겨져 그곳 안내자에게 물었더니, 오히려 큰 나무들에게 도움이 되는 일이라고 한다. 여기에 살고 있는 것들은 모두가 얽히고 설켜 서로 의존하면서 살아간다는 것이다. 원시우림은 항상 습하고 지표부분에 영양이 많기 때문에 뿌리가 땅속 깊이 들어갈 필요가 없어 일반적으로 뿌리가 지표에 가깝고 넓게 퍼져 있다는 것이다. 그렇기 때문에 나무가 크면 클수록 안정성이 덜하게 되는데, 다행히 다른 것들에 기대고 얽혀 안정된 상태를 유지할 수 있다는 것이다. 어디 그뿐인가. 원시우림에 있는 나무 열매는 일반적으로 겉이 딱딱하고 살이 거세고 두터워 그대로는 씨가 싹을 트기 어렵다고 한다. 다행히 그곳에는 쇠찌르레기metallic starling 등 부리가 크고 단단한 새가 있어 그런 열매의 살만 쪼아 먹고 씨를 땅에 떨어트리면 그 위를 낙엽이 덮어줌으로써 이듬해에는 싹을 트게 한다고 한다. 그러면서 하는 말이 '이곳에는 독불장군isolated self-being은 없다'고 힘주어 말한다. 과연 상호 의존관계를 극명하게 보여주는 곳이다. 마호가니 나무처럼 굵고 큰 나무는 그 나름대로, 가늘고 넝쿨진 것은 그것대로, 나무나 바위에 붙어사는 것은 그것대로 각각 나름대로의 몫을 다하면서 서로가 어울려 하나가 되고 있는 것이다. 그들은 모두 누가 시키거나 배우지 않았는데도 말없이 무아無我의 경지를 실천하고 있는 것으로 보였다.

이름조차 알 수 없는 그 많은 식물들 가운데는 공룡이 살던 시기부터 있어온 종이나 수십억 년 전부터 존재한 종은 물론, 수령이 천년을 넘는 것도 많지만, 어느 하나 스스로 뽐냄이 없이 그저 묵묵히 그곳에 서서 제 몫을 다하고 있으니 만물의 영장이라 자부하는 인간에게 오히려 큰 교훈을 주고 있는 셈이다. 부처님의 가르침이 다시금 머리를 스친다. 무릇 존재하는 것은 본래부터 자체적으로 존재하는 실체가 없으며, 인연이 닿아 여러 요소가 일시적으로 결합하였다가 그 인연이 다하면 분해되어 원래의 상태로 되돌아가는 것이어서, 상호 의존관계에서 자유로울 수 없음을 강조하신 부처님 말씀을 되새기지 않을 수 없다. 돌아오는 길에 누군가가 소리를 지르며 숲속에 큰 새가 있다고 했다. 운전기사가 차를 되돌려 조금 가니 지적하는 숲속에 제법 큰 검은 새가 눈에 띄었다. 전설에나 나오는 불새cassowary: 火食鳥를 본 것이다.

신기루를 쫓는 사람

미국 로스앤젤스L.A.에서 동북쪽으로 약 두 시간을 달리면 모하비Mohave사막이 나오는데, 그 사막 가운데 미국 스님인 무량無量이 직접 세운 태고사와 인연을 맺고 있는 분으로부터 들은 이야기의 한 토막이다. 남쪽 캘리포니아의 사막에 '죽음의 계곡'death valley이라는 곳이 있다. 옛날 이른바, 골드럿쉬gold-rush 시절에 금광을 찾아 서쪽으로 내닫던 사람들이 그 높은 휘트니산Mt. Whitney 동남쪽에 펼쳐진 사막에 갇혀 몇 날씩을 고생하던 끝에 저 멀리 보이는 파란 호수에 눈이 팔려 쫓아가다가 결국 지쳐서 죽어간 곳을 이름한 것이다. 사막을 헤매다 지친 사람들이 눈앞에 나타난 신기루蜃氣樓를 쫓는 비극적인 장면이 눈앞에 선하다.

그리고 보니 옛날 나폴레옹이 이집트를 침공하였을 때 야자수가 삽시간에 사과나무로 변하는가 하면, 갑자기 오아시스가 생기기도 하는 광경을 보고 신의 조화로 착각한 나머지 놀라 곧 철군

했다는 이야기가 생각난다. 이집트의 사막에 나타난 신기루에 홀린 결과인 것이다. 신기루란 온도나 습도의 현격한 차이로 대기의 밀도가 층층이 달라짐으로써 광선의 이상굴절이 생겨 나타나는 물상物像을 말한다. 그렇기 때문에 신기루는 사막, 설원雪原 또는 해면처럼 그 표면의 온도와 대기 중의 온도 사이에 차가 심한 곳에서 많이 일어난다. 결국 신기루는 실상이 아니고 허상虛像인 것이다.

　서울 거리를 한 발짝만 나가면 분주히 움직이는 군상群像들을 볼 수 있다. 무엇을 좇아 그처럼 바삐 움직이는지는 알 수 없지만, 본인들로서는 제법 심각한 일을 위해서 그처럼 움직이고 있는 것으로 보인다. 나름대로는 제법 소중한 일을 위해서의 움직임이겠지만 알고 보면 그 대부분은 정체도 알 수 없는 허상을 좇아 우왕좌왕右往左往하고 있음이 분명하다. 다만 사람들이 무명에 가려 실상을 알지 못하고, 지나간 후에야 비로소 자기가 허상을 좇아 헤맨 것을 알 뿐이니 한심스런 일이 아닐 수 없다. 괜히 신기루를 좇다가 '죽음의 계곡'에 빠지지 말 일이다.

웰다잉

근년에 들어 문상問喪을 가는 기회가 많아졌다. 그것도 전에는 친구의 아버지라든가 할아버지의 문상이 대부분이었는데, 근래에는 친구의 문상을 가는 예가 부쩍 늘었다. 의약醫藥의 발달과 생활 여건이 나아진 탓도 있겠지만 옛날과는 달리 장수하는 사람이 많아지고 평균수명이 한참 길어진 것은 사실이지만, 그래도 고희古稀를 넘기고 나면 초가을 낙엽 지듯이 하나 둘씩 세상 떠나는 소식이 늘어간다. 오랫동안 흉허물 없이 지내던 친구라고 해서 예외가 될 수는 없다. 오랜 친구를 문상하는 경우의 감회를 글로 다 표현할 수 없는 것이 오히려 다행인지도 모르겠다.

근래에 와서 웰빙well-being과 함께 웰다잉well-dying이 심심치 않게 입에 오르내리고, 심지어 활자화되는 예조차 많아진 실정이다. 아마도 평균수명이 길어진 것과 많은 관계가 있는 것이 아닌가 싶다. 하기야 나이 들어 일자리에서 물러나 여생餘生을 보내고 있는 사람 수가 많아지면 자연히 노인복지문제와 함께 죽는 문제가 관심의 대상이 되는 것은 자연스런 일이다. 죽는 문제는 사는 문제와 같은 선상線上에서 또는 그 이상으로 중요하게 생각할 문제이기 때문이다.

사람은 누구나 죽음을 싫어하고 또 두려워한다. 피할 수만 있다면 무슨 방법을 써서라도 피해보려는 것이 죽음이다. 그래서 중국의 진시황秦始皇 같은 권력자도 늙고 죽는 것을 피하기 해서서 불로초不老草를 찾으려고 방방곡곡에 사람을 풀었고, 심지어 우리나라에까지 불로초를 찾아 사람이 왔었다는 말이 전해올 정도이니 말이다. 어디 그뿐인가? 본인의 죽음을 싫어하는 것은 당연한 일로 친다고 하더라도, 남이 죽은 것을 보는 것도 크게 꺼려하는 것이 예사이다. 그러나 사람들이 그처럼 피하고자 하고 혐오嫌惡스러워 하는 죽음을 피해 본 사람이 인류 역사상 단 한 사람이라도 있었던가? 알고 보면 죽음이란 피할 수 있는 일이 아니다. 또 죽음이라는 것을 경험해 보지는 않아 잘 알 수는 없지만 그처럼 두려워하거나 피하려고만 할 일은 아닌 것 같다.

손등과 손바닥처럼 모든 것에는 표리表裏가 있고, 남生과 죽음死도 그러한 관계의 하나에 지나지 않는 것 같다. 밝음이 있으면 어둠이 있고, 시작이 있으면 끝이 있으며, 생겼으면 언젠가는 사라져 가는 것이다. 이 세상에 변하지 않고 영원히 존재하는 것은 하나도 없다. 태어났으니 죽는 것뿐이다. 죽음을 피하는 길은 태어나지 않는 것뿐이다. 결국 죽음이란 존재하는 것이 내적으로 지니고 있는 하나의 당연한 과정인 셈이다. 인연因緣이 닿아 여러 인자因子가 모여 태어나면 그것을 우리는 존재로 인식하지만, 그 존재는 한때도 쉬지 않고 변하여 마침내 인연이 다하면 사라져 원래의 위치인 인자로 되돌아가는 것이고, 그 돌아감을 우리는 죽음이라고 이름붙여 부를 뿐이다. 그래서 죽었다는 것을 흔히 '돌아가셨다'거나 '갔다'고 표현하고, 영어에서도 '패스 어웨이'pass away라고 하는 것 같다. 죽음이라는 것이 어차피 피할 수 없고, 또 삶에서 오는 당연한 하나의 과정이라면 그 죽음이라는 것을 두려워할 것도 없고 괜히 피하려고 헛수고를 할 필요도 없을 것 같다. 죽기 전에 마음공부나 하고 편한 마음으로 담담하게 맞아주면 될 것 아닌가?

근년에 들어 특히 서양에서 참선參禪 또는 명상瞑想과의 관계에서 죽음에 대한 과학적 연구가 많이 이루어지고 그에 관한 책들도 여러 권 발간된 것으로 안다. 그들 책의 내용은 제가끔 다르지만 공통된 부분은 죽음을 생生의 끝이 아닌 새로운 과정의 시작으로 본다는 점이다. 물론 종교적으로 윤생輪生을 인정하지 않는 입장에서는 황당한 말로 들리겠지만, 흥미로운 일은 그들 저자들 중에 그리스도교인도 있다는 점이다. 아무튼 추한 죽음보다는 웰다잉이 좋은 일이다.

박하거나 짙어도 지구상 생물들의 삶이 달라졌을 것이고, 땅의 구성이나 흙의 성분이 달랐더라도 거기에 뿌리를 내리고 사는 식물들이 달라 우리의 일상적인 먹이가 달랐을 것은 물론, 지구와 태양과의 거리에 약간의 차이만 있었더라도 기온이 너무 높거나 낮아 생물의 생활조건에 매우 큰 차이가 있었을 것은 의심할 여지가 없다. 더욱이 지구 표면의 약 75%를 물이 차지하고 있는데 사람의 몸 가운데에도 약 75%가 액체로 이루어져 있을 뿐만 아니라, 사람이 아는 우주공간의 물질 중 약 75%를 수소가 차지하고 있다니, 우연의 일치라고 하기에는 너무도 신기한 일이 아닐 수 없다.

그러니, 사람을 포함한 삼라만상은 모두 제 자리에 태어나 그 자리를 지키면서 나름대로 제 몫을 하면서 지내고 있는 것이며, 그것이 자연의 질서요 진리인 것이다. 여기에 어찌 만물의 영장靈長이나 지배자가 있을 수 있겠는가? 모두는 연기緣起에 따라 서로 돕고 의지하는 상관관계相關關係를 유지하면서 공존함으로써 조화롭고 평화로운 생활이 이루어질 수 있는 것이다. 이치가 이러함에도 불구하고 삼독三毒에 찌든 인간들의 오만傲慢은 마치 자신들이 지구의 지배자인 것처럼 무절제한 행동으로 치달음으로써 오늘날 우리가 당면한 심각한 지구적 환경문제를 불러왔고, 결국 생물의 생존 자체를 위협하는 지경에까지 이르게 하고 있으니 한심스런 일이 아닐 수 없다.

우리는 더 늦기 전에 이제라도 마음을 고쳐먹고 훼손된 환경의 복원에 힘씀은 물론, 환경에 영향을 줄 행동을 자제해야 한다.

이 지구는 사람만의 것이 아니다. 지렁이는 지렁이대로, 물고기는 물고기대로, 식물은 식물대로 제가끔 제자리에서의 주인이다. 인간의 터무니없는 욕심을 내려놓고 우주의 교향곡에 귀를 기울일 일이다. 무엇을 주고도 바꿀 수 없는 우리의 귀여운 자손들에게 아름답고 살기 좋은 지구를 물려주어야 하지 않겠는가!

귀한 것은 잘 보이지 않는다

우리는 한 때도 숨을 쉬지 않고는 살 수 없다. 밥을 2, 3일 정도 굶는다고 해서 곧 죽는 것은 아니지만, 숨은 한 시간은 고사하고 단 2, 3분도 거를 수가 없다. 그런데도 사람들은 먹는 것에 관해서는 항상 마음을 쓰면서도 정작 우리가 숨 쉬는 공기에 대해서는 거의 무관심한 것이 사실이다. 어디 그뿐인가? 사람들은 자기의 몸, 특히 겉으로 드러나는 얼굴은 하루에도 몇 차례씩 씻고 바르면서도 정작 자기를 움직이는 주인공인 마음에 대해서는 소홀하기 짝이 없다. 너무 가깝고 익숙하다 보니 습관적으로 그 소중함을 인식하지 못하고 있는 것 같다.

그런데 희한한 일은 우리가 사는데 있어 소중하고 귀한 것일수록 쉽게 볼 수 없다는 것이다. 우선 공기나 마음을 육안으로 볼 수 없다는 것은 그 대표적인 예이다. 우리 몸 가운데에서도 일상생활에서 가장 중요한 눈, 귀, 코, 입은 거울이나 다른 물건을 매개로 하지 않고는 스스로 볼 수가 없다. 물속에서 헤엄치는 물고기가 물을 보지 못하는 것도 마찬가지 일일게다. 공기나 마음이라는 것이 있다는 것은 틀림없는데, 왜 그처럼 중요하고 귀한 것을 볼 수 없는 것일까?

우선 공기나 마음처럼 근본적으로 소중한 것은 오롯하게 보존되어야 한다. 만일 공기라든가 마음이 형상이 있어 육안으로 볼 수 있고 손으로 만질 수 있는 것이라고 한다면, 탐욕스런 사람들에 의해서 축적되거나 독점됨으로써 온전한 보존이 어려워질 것은 뻔한 일이다. 그러니 보이지 않는 편이 훨씬 낫다. 다음으로 생각할 수 있는 일은 사람들의 무지이다. 사람들이 무지하여 눈에 보이는 것만을 인식하고 그에 매달리는 것이 일반적이다. 그러한 생활이 몸에 배이다 보니 눈에 보이는 것만을 존재로 인식하고 눈에 보이지 않으면 곧 없는 것으로 속단하거나 관심의 대상 밖에 두는 것이 보통이어서, 형상이 없는 공기나 마음에 관심을 쏟지 않는 것이다. 또 한 가지 생각할 수 있는 것은 너무 가까우면 볼 수 없다는 것이다. 등하불명燈下不明이라든가 '자기 눈은 볼 수 없다'는 말이 있다. 우리가 숨을 쉬고 마음이 작용한다는 것은 곧 살고 있음을 뜻하는 것이고, 거꾸로 살아 있다는 것은 곧 숨쉬고 의식한다는 뜻이다. 그러므로 우리의 삶에 가장 가까이 있는 것은 바로 공기와 마음이라고 할 수 있고, 이들은 너무 가까워 보기 어려운 것이다. 너무 익숙해서 의식하지 못한다는 것도 이런 경우인 것 같다.

보인다고 해서 언제나 그대로 있는 것이 아니고, 보이지 않는다고 해서 없다고 단언할 수도 없다. 오히려 보이는 존재보다 보이지 않는 존재가 참으로 귀한 것임은 공기나 마음의 예에서도 쉽사리 알 수 있다. 우리가 거의 무의식적으로 쉬고 있는 숨은 우리의 마음 상태를 그대로 반영하는가 하면, 몸의 상태는 바로 숨에 영향을 미친다. 그런가 하면, 우리의 마음은 늘 요동치듯 움직여 과거와 미래를 왕래할 뿐 현재에 머물려고 하지 않는다. 그러나 그 마음의 능력은 거의 무궁무진하여 모든 일이 마음에서 우러난다. 그 마음을 위해서 우리가 할 일은 오직 우리 안에 있는 그처럼 소중한 마음을 알아차리고 챙기기만 하면 된다. 그런데도 사람들은 철없는 탐욕에 매어 외형적인 '더'와 '빨리'에 쫓기다 보니, 보이지 않는 보다 소중한 것을 챙길 겨를이 없이 그저 다람쥐 쳇바퀴 돌 듯 같은 나날을 되풀이하고 스트레스에 시달리는 것이다. '더'에서 조금 줄이고 '빨리'를 한 발짝 늦추어, 보이지 않는 소중한 것을 챙겨볼 일이다.

근년에 들어 템플스테이temple stay니 참선체험 또는 출가체험 등에 대한 일반의 관심이 높아지고 있음은 매우 다행한 일이다. 생활의 속도를 조절하고 눈에 보이는 물질에 대한 시각을 완화하면서 보이지 않는 귀한 것을 챙기고 바라보는 지혜를 가꾸는 경험을 할 수 있기 때문이다. 있기는 있으되 쉽게 볼 수 없는 것을 챙기고 바라볼 수 있을 때에 우리는 제대로 길을 갈 수 있는 것이다. 그러니 하루에 단 30분 만이라도 시간을 내어 숨을 바라보고 마음을 챙기는 참된 자기의 시간을 갖는 여유가 필요하다. 눈앞에 보이지 않는다고 꼭 없는 것이 아니지 않는가?

불탄절을 맞는 감회

산사山寺 뿐만 아니라 시내 도처에 연등의 물결이 도도하다. 매년 이맘 때면 붓다께서 이 세상에 태어나신 날을 봉축하기 위한 여러 행사가 꽃을 피우고, 그 가운데에서도 가장 눈에 띄는 것이 바로 연등행사인 것같다. 붓다께서 이 세상에 나투시어 진리의 빛을 밝히신 뜻을 기려, 어둠이 짙게 깔린 이 사바세계娑婆世界를 밝히는 불법의 등을 밝힌다는 것은 그것만으로도 의미 있는 일이 아닐 수 없다.

우리가 불탄절을 기리는 뜻은 다른 종교의 경우와는 다르다. 우선, 그리스도교에 있어서의 성탄절은 그들이 경배敬拜하는 신의 독생자獨生子인 예수Jesus의 탄생을 기념하는 날로서, 예수는 날 때부터 우리 인간과는 다른 신의 아들로 간주된 것이기 때문에 출생 그 자체에 의미가 있고 더 나아갈 것이 없다. 그러나 부처님 오신 날은 오늘날 네팔Nepal의 남쪽에 위치한 룸비니 동산에서 우리와 같은 사람인 싯달타 왕자로 태어나신 날이다. 바로 그 싯달타 왕자가 생노병사生老病死라는 인간의 근본문제를 해결하는 답을 찾기 위해서 왕자로서의 모든 부귀영화를 헌신짝처럼 버리고 출가하여 6년에 걸친 상상을 초월하는 고행 끝에 나이렌자나강尼連禪河 가의 핍파라나무 밑에 선좌하고 구경究竟의 진리에 관해 선사禪思하시던 중 위대한 깨달음을 이루시어 붓다Buddha가 되셨고 그 뒤 반열반에 드시기까지의 45년간 오로지 중생교화와 제도로 일관하신 붓다께서 이 세상에 나투신 날을 기념하고 봉축하는 날이다. 그것은 한편으로는 천상천하유아독존天上天下唯我獨尊을 설파하여 신으로부터 인간을 해방시키고 생명의 존엄성을 밝히신 인류의 위대한 스승의 나심과 그의 무한한 공덕을 기리는 날이요, 다른 한편으로는 오늘에 사는 우리가 과연 붓다의 가르침을 믿고 익혀 실행함에 흐트러짐이 없는지를 되돌아보는 계기로 삼는 날이다. 그러니 불탄절은 그날 하루를 기념하고 봉축하며 몇 가지 행사로 끝낼 수 있는 통속적인 기념일이 아니다. 오히려 하루하루가 모두 부처님 오신 날이요, 붓다와 함께하는 날이지만, 싯달타 왕자께서 실제로 태어나신 날을 계기로 다시 한번 붓다께서 이 사바세계에 나투신 뜻을 새기고 봉축하면서, 하해河海 같은 붓다의 공덕에 합장하고 온 몸으로 증험하는 날이라고 하겠다.

　　작금에 들어 느끼는 일이지만, 특히 올해의 불탄절을 맞는 감회는 유별나다. 하나는 불교 내적인 면에서의 뜻이고, 다른 하나는 불교 외적인 면에서의 것이다. 먼저 불교 내적인 면에서 볼 때, 우리는 붓다의 가르침을 따르는 제자이자 자식임을 자처하는 불자佛子로서 과연 붓다의 가르침에 소홀하거나 어긋남이 없는지를 부처님 오신 날을 맞아 되새겨볼 일이다. 불교는 구세주인 신 the Messiah을 믿고 오로지 그 신의 구원을 구하는 종교와 다르다. 불교는 머리로 굴리고 입으로만 되뇌는 종교가 아니요, 붓다나 보살의 구원을 기원하는 종교가 아니다. 붓다께서 말씀하신 대로 청정한 자성自性과 붓다께서 펴신 법을 등불삼아 붓다의 가르침을 믿고 이해하여 행하며 증험하여 스스로 해탈의 경지에 이르려는 실천의 종교가 곧 불교이다. 그러므로 불교를 믿는다는 것은 붓다의 가르침에 대한 신해행증信解行證, 곧 붓다의 가르침을 믿고 이해하며 실행하고 스스로 증험하는 실천의 길을 걷는다는 뜻이다. 불탄절을 맞아 우리는 각자의 처지에서 과연 불자로서 부끄러움 없는 올바른 길을 걷고 있는지? 인류의 스승이신 붓다께 누를 끼치는 일은 없었는지? 마음을 열고 되새겨볼 일이다.

한편 불교 외적인 측면에서 볼 때, 인간들은 마치 우주의 지배자나 된 듯이 우쭐대면서, 이른바 세계화globalization와 경쟁competition의 구도構圖 속에서 오로지 물질적인 풍요만을 추구하며 한 치 앞을 모를 각박한 나날을 보내고 있다. 우주 만물은 상호의존관계에 있고, 연기법緣起法이 법계를 움직이는 진리라는 것을 외면外面한지 오래이다. 그러자니 생태계는 파괴되고 지구는 온난화의 길을 재촉하여 인간을 비롯한 생물의 생존 자체를 위협하는 단계에 접어들었다. 부처님 오신 날을 계기로 더 늦기 전에 이제라도 모든 것은 알게 모르게 연기법의 지배를 받고 상호의존관계에 있는 것이라는 붓다의 가르침을 깊이 새겨 행동에 옮길 일이다. 그것만이 우리를 위한 길이요, 우리의 자손을 생각하는 길이다.

 붓다께서 반복해서 말씀하신 바와 같이 붓다의 가르침인 불법佛法은 붓다의 말씀이래서 또는 붓다의 권위나 불자로서의 처지 때문에 믿는 것이 아니라, 붓다께서 스스로 깨친 법계에 상주하는 진리이기 때문에 믿는 것이고, 그것을 각자가 배워 익혀 스스로 증험하도록 한 것이다. 그러니 부처님 오신 날의 감회가 깊지 않을 수 없다.

사람의 힘, 아잔타 석굴

언젠가 인연이 닿으면 인도의 아잔타 석굴을 구경하려고 벼룬 것이 작년부터의 일이다. 그런데 그 기회가 의외로 빨리 왔다. 티베트불교의 법왕이자 티베트의 국가원수이면서, 오늘날 세계적인 정신적 지도자의 한분으로 추앙받고 있는 달라이 라마를 친견하고 개별적으로 면담할 수 있는 기회가 왔기 때문이다. 나는 12월 2일로 잡힌 달라이 라마의 친견을 마치면, 곧 아잔타 석굴의 관광 길에 오르기로 하고 여행계획을 세웠다.

아잔타에 가려면 먼저 뭄바이에서 아우랑가바드까지 비행기로 가서, 거기에서는 자동차편으로 약 2시간 반 정도를 더 가야 한다. 아우랑가바드에서 아잔타까지의 거리는 100km 가량이지만, 열악한 인도의 도로사정 때문에 그 정도의 시간이 걸리는 것은 그래도 다행한 일에 속한다. 약간 낡은 일제 차에 그곳에서 대학 강사를 한다는 현지인 안내자를 태우고 아잔타로 향했다. 출발하여 약 1시간을 달리자니, 인도의 중서부에 펼쳐진 데칸고원이 나타나고, 그곳 특유의 바위층과 시루떡을 연상시키는 단층들이 눈에 들어왔다. 고원지대를 한참 달려 마치 우리나라의 옛 산중 길을 연상시키는 꾸불꾸불한 좁은 도로를 내려가자니, 저 아래로 녹색의 평원이 펼쳐지고 제법 잘 지어진 집들이 눈에 띄었다. 안내자에게 물으니, 아잔타에 거의 다 왔는데 저 밑의 집들은 아잔타를 구경온 사람들을 위한 숙박시설이라고 했다.

아잔타 석굴의 주차장에 이르자, 안내자는 우리에게 여기에서 파는 물건들은 모두 가짜들이니 아무리 유혹하더라도 사지 말라는 말을 거듭하였다. 우리에게는 고마운 조언이 아닐 수 없었다. 그곳에서 아잔타 석굴까지는 거기서 운영하는 공적인 버스 외에는 일체 운행이 허용되지 않기 때문에 우리로서는 싫든 좋든 그 버스에 올라타지 않을 수 없었다. 버스 요금은 외국인은 1인당 200루피이고 내국인은 그 절반인 100루피인데, 인도의 버스치고는 제법 괜찮은 편이었다. 그 뿐만 아니라 그곳은 관광객 유치를 위해서인지 환경정리가 잘되고 여러 가지 꽃들이 잘 가꾸어져 있어 보기에 좋았다.

버스에서 내려 제법 가파른 길을 따라 한참을 올라가니 앞이 확 트인 계곡이 나타나고, 말발굽처럼 처진 병풍 모양의 절벽이 보였다. 그곳이 바로 내가 머리를 두르고 찾아온 아잔타 석굴이었다. 우선 멀리에서 조망해 보니, 그 지형의 자연적인 생김새 자체가 퍽 신묘해 보였다. 저 아래에 제법 넓게 흐르는 강을 내려다보며 말발굽 모양으로 둘러쳐진 암벽을 파내서 만든 크고 작은 석실石室이 29개나 된다는 것이다. 멀리에서 그 전경을 보아도 경이롭기 짝이 없어 보였다.

우리는 안내자의 설명을 들으며 첫번째 석실부터 차례로 들어가 보기로 했다. 하나하나의 석실은 그 넓이나 높이에 약간의 차이는 있지만, 대체적으로 예상했던 것보다는 훨씬 규모가 크고 정교하였다. 무늬까지 곁들여 정교하게 깎아놓은 기둥이라든가, 내실에 봉안된 커다란 불상이며, 벽에 아름답게 조각된 불화와 아직도 선명한 색채가 그대로 살아있는 천정의 그림은 보는 이의 입을 다물지 못하게 하기에 충분한 것들이었다. 기원 전 2세기부터 기원 4세기까지의 약 600년이라는 긴 세월에 걸쳐 낭떠러지의 바위를 한치 한 치 파들어간 사람들의 숨결이 그대로 느껴지는 듯하여 경외로울 뿐이었다. 안내자의 설명에 의하면 당시 이 일을 주도했던 분들은 자기의 생애 동안에 그 작업을 마치지 못할 것을 충분히 짐작하고 "이 생에 이 일을 마치지 못하면 기필코 내생에도 이곳에 다시 태어나 이 일을 계속하도록 히어 주십시오"라는 원願을 세우고 그 일에 정진하였다고 한다. 오로지 구도자求道者의 마음으로 일에 임했음을 알게 한다.

아잔타 석굴을 전체적으로 말한다면 그 조각이 시작되던 당시, 즉 기원전 약 2세기의 초기불교 양상의 석실로부터 후기불교의 틀이 거의 짜인 기원 3, 4세기의 사원寺院의 모습에 이르기까지의 발전과정을 한 눈에 볼 수 있게 한다. 그것은 그렇다 치고, 깎아지른 듯한 암벽岩壁을 파들어 가면서 조각해 놓은 그 정교한 석실이라든가 천정 그림의 구도나 색채는 그저 놀랍다는 말 이외에는 달리 표현할 말을 찾을 수가 없다. 오늘날 보는 바와 같은 바위를 뚫고 깎는 기계가 있던 것도 아닌 상태에서 오로지 "이룩하겠다"는 집념 하나로 정과 망치에 의존하여 묵묵히 바위를 찍고, 파고, 다듬어 들어간 선인들의 정신과 노력에 경의를 표하지 않을 수 없었다. 이처럼 엄청난 사람의 힘은 과연 어디에서 솟아나는 것일까? 오직 마음 하나에 달린 것 같다. 그래서 일체유심조 一切唯心造라 했던가!

사막에 핀 연꽃, 태고사

무량 스님이라고 하면 미국의 중류가정에서 자라 명문 예일대학을 나온 다음, 숭산 스님의 지도를 받아 한국에서 출가한 비구로, 미국 LA에서 그다지 멀지 않은 모하비 사막의 복판에 있는 산중턱에 한국 전통양식의 절, 태고사를 짓고 있는 스님 정도로 알려진 분이다. 최근에는 "왜 사는가"라는 수행기를 출간하여(열림원 발행) 태고사에 얽힌 이야기는 제법 널리 알려진 셈이다.

나는 남미 칠레의 수도 싼티아고 회의에 참석하러 가는 길에 잠깐 LA에 들러 태고사를 찾을 계획으로 서울을 떠났다. 오전 9시경에 LA공항에 도착하여 퍽 지루하고도 까다로운 입국절차를 마치고 밖에 나오자, 큰 키의 무량 스님이 눈에 띄었다. 무량 스님은 새벽 일찍이 두 시간 반이나 차를 운전하여 일부러 마중까지 나오신 것이다. 무량 스님의 차는 8인승 밴의 일종인데, 그 차의 번호판에 적힌 번호는 "왜 사는가"Y ALIVE였다. 최근에 한국에서 출간한 그의 책이름이었다. 나는 10시간 남짓한 비행기 여행으로 다소 피곤하기는 했지만 바로 태고사로 향하기로 했다. 우리는 14번 고속도로를 북쪽으로 한참 달리다가 모하비Mojave에서 테하차피Tehachapi산 쪽으로 가는 58번으로 나가 약 20킬로를 더 가니 드디어 쌘드캐년Sand Canyon의 꾸불꾸불한 시골길로 접어들었고, 거기에서 조금 더 가니 길가에 50여 개의 우체통이 나란히 서있는 것이 이채로웠다. 그곳에는 띄엄띄엄 인가가 있기는 하지만 워낙 외딴 곳이어서 집집마다 우편물을 배달하기가 어려워 각 집의 번지가 쓰인 우체통까지만 배달하는 것이다. 그들 우체통 가운데 "Mountain Spirit Center 태고사"라고 쓰인 것 하나가 눈에 들어왔다. 결국 태고사에의 우편물도 여기까지만 배달되는 것이고, 그것은 태고사가 멀지 않다는 표지이기도 하다. 그곳으로부터는 비포장도로인데, 꽤 큰 나무도 자라고 산도 제법 큰 산같은 모습을 보이기 시작했다. 그 길을 따라 약 5분쯤을 골짜기로 들어가니 이제까지의 사막과는 동떨어진 인상의 아늑한 도량이 나타나고, 여느 한국 절을 그대로 옮겨놓은 듯한 건물 두 채가 의젓하게 서 있었다. 바로 내가 머리를 두르고 찾아온 태고사였다.

현재의 태고사는 조금 높은 곳에 자리한 대웅전과 아래의 평지에 서있는 관음전을 겸한 요사채로 이루어져 있다. 먼저 대웅전에 들어 부처님을 뵌 다음, 관음전에 들렀다. 대웅전에는 석가모니불상이 모셔졌는데, 단청이며 외벽의 십우도 등이 모두 한국의 전통사찰과 다를 것이 없었다. 대웅전 전면에 서서 바라보니 뒤와 양쪽이 산으로 둘러쳐 있고 앞이 멀리 툭 트여 사막 한복판이라고는 생각할 수 없는 아늑한 도량이었다. 이곳이야말로 황야에서 길을 잃고 헤매는 나그네에게 등대가 되고, 인생을 방황하는 이가 바른 길을 찾을 수 있게 하는 가람伽藍임에 손색이 없는 곳으로 보였다. 무량 스님은 그 곳을 대단한 명당자리라고 자랑했다.

　무량 스님은 우리를 안내해서 이곳저곳을 돌면서 막 기초공사가 끝난 종각자리로 갔다. 그 곳에는 금년 여름에 한국에서 주조해 간 '평화의 종'이 종각의 완성을 기다리고 있었다. 거기에서 멀지 않은 곳에는 큰 크레인과 불도저가 서 있었는데, 10년 전에 무량 스님이 그곳에 절터를 잡은 뒤 스스로 운전하면서 산을 깎고 골을 메워 오늘과 같은 훌륭한 도량을 이룬 중기들이다. 그곳에서의 전기와 식수 등에 관해서 묻자, 태고사에서는 모든 것을 자급자족하는데 전기는 풍차를 이용한 자가발전에 의존하고, 식수는 지하수를 뽑아 쓰되 세탁용의 물은 빗물을 받아 이용하며, 환경친화를 우선시한다는 것이 무량 스님의 설명이었다.

　관음전에 들어 차를 한 잔 들면서 조금 쉰 다음 산책 삼아 나가보니 무량 스님은 어느새 공장의 기계공을 연상케 하는 작업복으로 갈아입고 나와 요사채 난간을 고치고 있었다. 그러고 보니 이곳 태고사는 터를 다듬는 것에서부터 건물을 짓고 환경을 정리하는 것에 이르기까지의 모두가 무량 스님의 정성, 그리고 피와 땀의 결정이 아닌 것이 없었다. 무량 스님에게 앞으로의 계획을 묻자, 우선 종각을 짓고, 들어오는 입구에 일주문을 세우며, 기숙사식의 요사채를 짓는 일이라고 하면서 목적지에 다다를 때까지 그저 묵묵히 일을 계속할 뿐이라고 했다. 무량 스님은 일에 열중하는 그 자체를 수행의 방편으로 삼고, 일심불란一心不亂으로 "하는" 가운데 길이 있어 그 길을 묵묵히 가고 있는 것이다.

　나는 그곳에서 하루 밤을 지내고 다음날 오전에 그곳을 찾은 포교사 일행의 버스에 편승하여 정오쯤에 태고사를 떠났다. 태고사를 뒤로하고 약 한 시간쯤을 달렸을까 할 무렵에, 무심코 차창 밖 하늘을 올려보니 오색이 영롱한 채운彩雲이 눈에 들어왔다. 나는 이제까지 그처럼 규모가 크고 색채가 영롱한 채운을 본 적이 없다. 그 차에 함께 탄 포교사 일행들은 나의 지적으로 채운을 바라보고 상서로움이라고 기뻐하거나 환호하기조차 하였다. 그 채운은 2, 30분을 달리는 동안 계속 눈 안에 머물러 있었고, 뒤에는 황금빛으로 변하여 한참을 있다가 사라졌다. 태고사의 앞날을 비추는 상서로운 징조인 듯싶어 기쁘고 흐뭇하였다.

세계에서 가장 큰 불교사원, 보로부두르

유네스코에 의하여 인류문화 유산으로 지정된 보로부두르 Borobudur사원은 세계의 7대 불가사의 가운데 하나로 단일 불교사원으로는 세계에서 가장 큰 것으로 알려진 곳이다. 8, 9세기에 인도네시아 중부 자바섬을 지배하고 있던 샤이렌드라Cailendra왕조의 사마라퉁가Samaratungga왕에 의해 서기 750년경에 시작되어 842년경까지의 약 90여년에 걸친 공사의 산물로 세상에 그 모습을 나타낸 보로부두르사원은 캄보디아의 앙코르와트보다 약 300년 앞서고, 유럽의 대성당이 출현한 것보다 약 400년 앞선 것이다.

필자는 언젠가 기회가 닿면 꼭 한번 찾아가 보려는 생각을 가지고 있던 차에, 마침 환태평양변호사협회IPBA의 총회가 인도네시아에서 열리게 된 것을 계기로 그 뜻이 실현된 것이다. 필자가 보로부두르사원에 대해서 깊은 관심을 가지게 된 데에는 두 가지 이유가 있었다. 첫째는 약 1200년 전의 것으로 그 규모가 단일

사원으로는 세계에서 가장 큰 것이라는 점이고, 둘째는 스리랑카 나 미얀마, 태국보다도 남방인 인도네시아의 중부 자바섬에 있는 이 사원이 대표적인 대승경전의 하나로 꼽히는 화엄경 중 십지품 十地品의 내용을 형상화한 것이라는 점이다.

보로부두르사원은 중부 자바섬의 요기야카르타'족자카르타'라고도 부른다에서 자동차로 약 한 시간 거리에 위치하고 있는데, 약 27킬로 밖에 떨어지지 않은 위치에 아직도 활화산인 메라피산이 증기를 뿜어내며 우뚝 서있다. 요기야카르타는 자바섬의 한 중간에 위치하여 역사적으로 자바섬의 지배세력의 거점이 되어 왔던 곳으로, 보로부두르가 그곳에서 가까운 곳에 축조된 것도 우연한 일이 아니라 하겠다.

보로부두루사원은 서기 840년경까지 축조되었지만, 건립된 지 얼마 지나지 않아 인근에 있는 메라피화산의 대폭발로 인한 화산 재에 묻히고, 그 인근에 살던 사람들도 모두 화산폭발로 인하여 죽었거나 다른 곳으로 멀리 이주함으로써 보로부두르사원의 존재 는 약 천년에 걸쳐 잊혀져 왔던 것이다. 그러던 중 1814년에 영 국인 토마스 래플스경에 의하여 사원의 일부가 발견되어 발굴작 업이 시작되었지만, 1905년부터 1910년 사이에 비로소 당시 네덜 란드정부에 의하여 군 기술자인 반 에르프의 지휘로 본격적인 복 원공사가 이루어졌고, 뒤이어 1913년부터 1983년에 걸친 대대적 인 제2차 복원공사의 결과 보로부두르사원은 다시 우리 앞에 그 웅장하고 신비로운 자태를 나타내게 된 것이다.

이 사원은 위에서 내려다보면 소우주 micro cosmos를 상징하는 형상으로 된 것으로, 부처님께서 장아함長阿含 중 세기경世紀經에서 설하신 것처럼 중앙 정상에 수미산을 상징하는 큰 스투파탑=stupa가 있고 그 아래에 염부주를 비롯한 네 개의 세계를 상징하여 길이 120미터의 네모꼴이 각각 동서남북을 면한 것으로 되어 있다. 위로 보면, 네모꼴의 7개 층이 아래에 위치하고 그 위에 원형의 3개 층이 있어 모두 10개 층으로 구성되었는데, 이는 십지十地를 나타낸 것으로, 아래 7개 층의 회랑에는 부처님에 관한 각종 설화가 정교하게 조각되어 있고, 위의 원형 3개 층에는 중앙 정상의 큰 스투파를 중심으로 그보다 작은 많은 스투파가 있는데, 각 스투파 속에는 불상이 모셔져 있다. 정상 중앙의 가장 큰 스투파를 비롯한 스투파는 꼭대기에 네모판이 있고 그 위에 팔각의 첨탑이 솟아 있는데, 네모는 사성제를, 첨탑의 팔각은 팔정도를 상징하는 것이라 한다. 전체적으로 볼 때 이 사원은 우주, 사성제, 팔정도 및 십지의 관념을 형상화한 것이라고 할 수 있는데 504좌의 불상이 각각 알맞은 위치에 배치되어 있어 그 웅장함은 참으로 보는 이를 압도하고도 남음이 있다.

한 가지 부연할 것은 어떻게 남방인 인도네시아 자바섬에 대승경전인 화엄경의 십지를 표방한 사원이 설 수 있었는가에 관해서이다. 남인도에서 매우 가까운 거리에 있는 스리랑카를 비롯하여 아시아 대륙의 남단에 해당하는 미얀마, 태국, 캄보디아 등에는 주로 수도승을 통해서 비교적 일찍이 불교가 전파되어 초기불교가 보편화된 것과는 달리, 수마트라나 자바섬은 4, 5세기경부터 인도 및 중국과의 해상교역이 활발하게 이루어짐으로써 주로 상인들을 통하여 당시의 불교가 유입된 탓으로, 인도네시아의 수마트라나 자바섬에는 후기불교가 전파된 것이다. 특히 샤이렌드라 왕조 때에는 후기불교가 성하였고, 보로부두르사원 건립이라는 거대한 불사를 일으킨 사마라퉁가왕은 그 스스로가 열렬한 후기불교신자였다고 한다. 그러니 남방 소승, 북방 대승이라는 2분법적 논리는 문제가 있는 셈이다.

아무튼 웅장하고 신비로운 보로부두르사원은 천년의 긴 동면에서 깨어나 다시 그 찬란한 빛을 발하면서 우리에게 부처님의 장엄한 가르침을 전하고 있다.

제2부

세월이 가는가, 내가 가는가

남대문아! 네가 죽다니

"남대문아! 네가 죽다니…", 우리의 국보 1호 남대문이 잿더미로 바뀌는 참담한 일이 일어나자, 수많은 시민들이 그 안타까움에 눈시울을 적시며 가져다 놓은 하얀 국화꽃 더미 위에 놓여진 어느 어린이의 편지 제목이다. 2008년 2월 10일 저녁 8시 반이 조금 지나 국보 1호인 남대문이 한 치인癡人의 방화로 불에 타 무너져 내리는 끔찍한 일이 벌어졌다. 남대문의 본명은 그 편액扁額에도 뚜렷이 나타나 있는 것처럼 숭례문崇禮門인데, 조선조 초 태조 7년인 1398년에 약 3년간의 역사役事 끝에 완성된 것이지만, 현재의 건물은 그 뒤에 몇 차례의 보수를 거쳐 1447년에 고쳐 지은 것으로 근 600년의 역사를 지닌 국보로서, 그 동안 병자호란과 임진왜란도 끄떡없이 견뎌냈을 뿐만 아니라 6.25동란도 무사히 이겨낸 국보중의 국보다. 국보 1호인 남대문은 '국보 1호'라는 지위보다도, 근 600년이라는 긴 세월 동안 갖은 환란患亂을 겪으면서도 그곳에 의연하게 서 있는 늠름한 모습에서 우리의 강인한 기상과 문화적 자존심을 엿볼 수 있는 것이어서 모두의 사랑을 받아왔다. 그것을 실증이라도 하듯 남대문이 불타 내려앉은 보도가 있자, 마치 누가 시키기라도 한 듯이 많은 시민들이 몰려나가 앙상하게 남은 남대문의 잔해를 쳐다보며 어떤 이는 묵념하고, 어떤 이는 눈물지으며, 또 어떤 이는 흰 꽃다발을 바치는가 하면, 심지어 외국인들까지 나와 보면서 침통함을 금치 못하였다니 더할 말이 없다.

한국에서 40년째 살고 있다는 한 외국인이 말하기를 "한국은 문화재 보호의식이 약하다"고 하면서, 조상들이 "이놈들!"하고 호통치실 것이라고 서슴없이 말했다는 기사가 신문에 실렸다. 낯을 들고 할 말이 없다. 구태여 외국인의 말을 빌리지 않더라도 우리의 역사인식이나 문화재에 대한 관념에 문제가 있는 것은 사실이다. 우리는 지난 10여 년간 '역사 바로 세우기'라는 말을 수 없이 들어왔고, 또 실제로 지난 역사를 '바로 세운다(?)'는 작업이 정부 차원에서 진행되었다. 역사라는 것은 지난날의 '자취'이고 '사실'이다. 역사는 역사로서 그대로 있는 것이지, 눕는 법도 없고 서는 일도 없다. 바로 세운다고 해서 서는 것이 아니다. 역사에 대한 평가는 사람에 따라, 보는 관점에 따라 다를 수 있지만, 그 평가가 곧 역사는 아니다. 문화재의 보존의식도 마찬가지 일이다. 문화재는 곧 우리의 문화유산이고 조상들의 얼과 지혜가 담긴 것이니, 그 소중함은 말로 다할 수 없다. 그러니 그 보존을 위해서 성심을 다해야 함은 두 말할 나위조차 없는 일이다. 그런데도 남대문의 문루門樓에서 노숙자들이 라면을 끓여 먹고 여름철에 시원한 잠자리로 쓰이게까지 방치되었다니 한 마디로 어이없는 일이다. 이러고도 문화재가 그런대로 보존되어 왔다니 요행이라 할 수밖에 없다.

물론 생긴 것은 모두 변하고 언젠가는 망가져 없어지기 마련이며, 영원히 존재할 수 있는 것은 하나도 없다. 모든 것은 무상無常의 경계를 벗어나지 못하며, 문화재라고 해서 그 예외가 될 수는 없다. 문제는 이번에 벌어진 것과 같은 상식 밖의 참사로 인한 멸실에 있고, 그것은 바로 우리의 업보業報라고 할 수 있다. 왜곡歪曲된 역사의식과 풀어질 대로 풀어진 문화재 보존의식에 따른 결과요, 그것은 바로 우리가 지은 업으로 인한 과보임에 틀림없다. 부처님께서는 중아함의 앵무경鸚鵡經에서 말씀하시기를 "저 중생들은 자기의 행의 업으로 말미암고, 업으로 말미암은 갚음을 얻으며, 업을 인연하고 업의 업처를 의지하여 중생은 그 높고 낮음을 따르고, 묘하고 묘하지 않은 데에서 사느니라."라고 분명히 말씀하셨다. 우리는 이번 일을 거울삼아 부처님의 가르침을 가슴에 깊이 새겨 과거를 참회하고 앞으로 올바른 문화재 보존의식을 갖고 실천하도록 성심을 다할 일이다. 특히 우리나라 문화재의 대부분이 불교와 연관된 것이고, 불교문화재의 대부분은 목조물이다. 불교계에서는 이번 일을 타산지석他山之石으로 삼고 부처님의 가르침을 되새겨 소중한 문화유산을 다시 한번 점검하고 잘 보존하여 자손만대에 물려줄 수 있도록 최선을 다해야겠다.

우연은 없다

사람이 살다보면 예상하지 않은 결과가 생기는 경우가 많고, 그럴 때면 흔히 '우연'이나 '운'에 돌리는 것이 보통이다. 그러나 우연이니 운이니 하는 것은 사람들이 무지無智하여 잘 알지 못하기 때문에 궁여지책窮餘之策으로 쓰는 말일 뿐, 그 나름의 특별한 뜻이 있는 것이 아니다. 그럼에도 불구하고 사람들은 정체도 알 수 없는 그 우연이나 운이라는 것에 곧잘 매달린다. 그러고는 결국 '운타령'을 하게 된다.

연전年前에 비행기가 연착하는 바람에 인도의 바라나시에서 뜻하지 않게 달라이 라마 존자를 만나 뵌 일이 있다. 그때 나는 존자에게 "이처럼 존자를 다시 뵙게 된 것은 정말 우연한 일입니다"라고 인사를 올렸다. 그러자 존자께서는 "우리의 이 만남이 어찌 우연이겠습니까? 우리가 자세히 몰라서 그렇지 반드시 만날 인연이 있어 다시 만난 것이지요."라고 단호하게 말씀하는 것을 듣고 느낀 바가 컸다. 우연이니 운이니 하는 것이 무엇이고 어디에 있느냐는 것이다. 과연 그렇다. 콩을 심었기 때문에 콩이 나는 것이지, 팥을 심어 콩이 날 수는 없다는 것은 분명한 이치이다. 화엄경에 보면 "모든 것은 모두 인연을 좇아 일어난다. 연이 없으면 일어나지 않는다"一切法 皆從緣起 無緣則不起라는 말이 있다. 모든 것은 근본적인 원인이 있고, 그 원인이 싹을 틔울 조건이 닿아 생기는 것이다. 이것이 바로 부처님께서 깨달아 밝히신 연기법緣起法이고, 세상에서 흔히 말하는 인과관계라는 것도 그 테두리 안에 있는 것이다.

연기법은 우주만유宇宙萬有의 법칙이자 움직일 수 없는 진리이다. 잡아함의 연기법경에서 부처님께서는 "연기법은 내가 만든 것이 아니요, 또한 다른 사람이 만든 것도 아니다. 그러나 그것은 여래가 세상에 나오거나 나오지 않거나 법계에 항상 머물러 있다. 여래는 이 법을 스스로 깨닫고 등정각을 이루어, 모든 중생들을 위하여 분별하여 연설하고 드날리고 드러내 보이니라. 이른바 '이것이 있기 때문에 저것이 있고, 이것이 일어나기 때문에 저것이 일어난다.'는 것이다"라고 말씀하시어, 연기법은 법계法界에 항상 머물러 있는 우주의 진리라는 것을 분명히 하셨다.

그런데도 요새 세상 돌아가는 것을 보고 있노라면 한심스럽게 느껴지는 일이 한두 가지가 아니다. 특히 정치를 한다는 사람들이나 정부의 고위직에 있다는 사람들의 소행所行을 보면 짜증스러운 일이 줄을 잇는다. 조금이라도 잘한 듯한 일은 제가끔 자기를 내세우는 반면에, 비난의 대상이 되는 일은 서로 책임을 회피하고 남의 탓으로 돌린다. 그러다보니 정치하는 사람들 사이에 험담이 오가고, 정부는 바쁜 시간을 변명하는 데 다 보낸다. 잘잘못을 가릴 것 없이 모든 일은 그에 상응相應하는 원인이 있어서 일어나는 것이지, 아무런 원인도 없는데 일이 스스로 벌어지는 법은 없다. 모두가 제자리에서 성실하게 자기의 직분을 다하면 그에 상응하는 결과는 반드시 찾아오게 되어 있다. 자기가 마땅히 할 일은 하지 않고 결과만 탓해본들 소용없는 일이다. 이른 봄에 땅을 갈아 일궈 때맞추어 씨뿌리고 김매기를 게을리하지 않은 뒤에 풍부한 수확을 기다리는 순박하고 착실한 농부의 심성心性으로 돌아가야 한다. 이 세상에 운이나 우연은 없다는 것을 깊이 새길 일이다.

구원은 스스로 얻는 것

사람들이 모여 앉으면 으레 경제 불황에 대한 걱정으로 많은 시간을 보내는 것 같다. 이른바 펀드나 주식에 투자한 사람들은 투자한 원금이 반토막이 났다고 한숨어린 소리를 하는가 하면, 건설업에 종사하는 사람들은 이미 건축한 아파트의 거래가 없음은 물론 새로운 일거리가 없고 은행에서의 자금융통조차 어려워 하루하루의 부도를 막는데 온 신경을 다 쓴다고 한다. 그런가 하면, 중소기업을 경영하는 사람들은 일을 하고도 자금이 돌지 않아 도산倒産의 위험에 노출되어 있음을 한탄한다. 경제계의 사정이 이렇다 보니 누구 하나 마음이 편한 사람이 없고, 살만 하다고 어깨를 펴는 사람을 보기 힘들다. 문자 그대로의 경제 한파寒波가 몰아치고 있는 셈이다.

역사적으로 보면, 위기에 처했을 때 사람들이 취하는 태도는 크게 두 가지로 분류된다. 하나는 실망과 고민에 싸여 소극적으로 번뇌의 나날을 보내는 유형이고, 다른 하나는 위기를 극복하기 위해서 적극적으로 방안을 모색하고 추진하는 유형이다. 사람들의 고뇌苦惱는 지나간 과거의 일에 대한 후회, 실망이나 고민으로 인한 것 또는 닥아올 미래의 일에 대한 불안이나 망상으로 인한 것이 보통이다. 그러나 과거는 이미 지나간 일로서 돌이킬 수 있는 것이 아니며, 미래는 아직 오지 않아 불확실한 상태의 것이다. 사실 우리가 흔히 말하는 현재란 거의 없는 것과 같다고 해도 과언이 아니다. 현재라고 느끼는 순간 그것은 벌써 과거로 흘러가 버렸기 때문이다. 그러니 사람들의 고뇌라는 것은 알고 보면 의미가 없거나 불필요한 생각이 빚어내는 망상妄想에 지나지 않은 것이고, 매우 낭비적인 일이다. 심리학자들의 주장에 의하면 사람들이 하는 걱정이나 고민을 분석해 보면 약 80~90%는 불필요한 것들이라고 한다. 이미 지나간 일에 대한 고민이나 아직 오지도 않은 미래의 문제에 대한 걱정 또는 자기 힘으로 좌우할 수 없는 성질의 것 때문에 번뇌의 시간을 보내는 것은 돌이킬 수 없는 낭비만을 쌓아가는 꼴이다. 우선 소중한 시간의 낭비요, 에너지의 낭비이며, 건강을 해치고, 이웃과의 분위기를 해치는 결과를 가져올 뿐 아무런 소득도 기대할 수 없는 일이다. 우리가 할 수 있는 그리고 해야 할 일은 순간순간을 충실하고 알차게 채워가는 노력을 하고, 다소곳이 결과를 기다리는 것이다. 부처님께서는 잡아함의 과거무상경過去無常經에서 "거룩한 제자로서 이렇게 관찰하는 자는 과거의 물질을 돌아보지 않고, 미래의 물질을 즐겨하지 않으며, 현재의 물질은 싫어하고 욕심을 떠나 바른 방향으로 멸하여 다하느니라."라고 말씀하시어 지나간 과거나 아직 오지도 않은 장래의 문제로 사서 고민하지 말고, 현재를 바로 보라는 교훈을 일깨우셨다.

한편 사람들은 어려움이 닥치거나 큰일을 앞에 둔 때에는 흔히 무엇인가에 대고 구원救援을 청하는 예가 많다. 요새 경제 한파가 몰아쳐 쉽게 풀리는 일이 드물다 보니 절이나 교회를 찾아 구원을 청하는 기도에 몰입하는 예가 많아졌다고 한다. 그러나 구원은 스스로 구원받을 만한 일을 함으로써 자기를 구원하는 것이지, 기도를 잘 한다고 해서 누가 가져다주는 것이 아니다. 추위가 닥치면 스스로 옷을 껴입고 따뜻하게 해야지, 기도한다고 해서 따뜻해 질 수는 없는 것과 같은 이치이다. 일찍이 부처님께서는 중아함의 가미니경伽彌尼經에서 이르시기를 "저 남녀들은 게을러 정진하지 않고, 악한 법을 행하며, 열 가지 착하지 않은 업도業道, 곧 살생하고, 주지 않은 것을 취하며, 사음을 행하고, 거짓말을 하며, 내지 삿된 소견을 성취하였는데, 만일 여러 사람이 각각 합장하고 그들을 향하여 칭찬하고 축원하였다고 하여 그것을 인연으로 몸이 무너지고 목숨이 끝나 좋은 곳에 가고 천상에 날 수 있다는 것은 그럴 수 없는 것이다. 왜냐하면, 이 열 가지 착하지 않은 업도는 검은 것으로서 검은 갚음이 있어, 자연히 밑으로 내려가 반듯이 악한 곳에 이를 것이기 때문이다."라고 하시어 구원은 스스로의 행에 달린 것임을 분명히 하셨음을 가슴에 새길 일이다.

고정된 것은 하나도 없다

1980년대에 들어서면서 세계화니 국제화니 하는 소리가 높아지면서, 마치 그것만이 살길인 듯 모든 것을 그에 맞추려고 애를 쓰던 것이 엊그제의 일 같다. 그런데 지금 모든 나라들은 세계적인 경제위기에 몰려 허덕이고 있으니, 경제위기도 세계화된 셈이다. 미국의 월스트리트Wall Street에서 시작된 금융경색은 세계화의 물결을 타고 전 세계의 금융시장에 파급되고, 그것은 곧 실물경제를 마비상태로 몰아넣고 있다. 그럴 수밖에 없는 것이 자본주의 경제에서 금융은 혈액순환과 같은 구실을 하는 것이어서 금융이 제대로 돌지 않으면 경제가 경색된다는 것은 마치 피가 제대로 돌지 않으면 건강상태가 망가지는 것과 비슷한 일이다.

그렇다고 당면한 경제위기를 세계화의 탓으로 돌릴 수는 없다. 세계화가 이루어지지 않았다면 경제위기의 파급효과와 시간에 약간의 차이는 있었겠지만 결과는 마찬가지일 수밖에 없을 것으로 생각된다. 원래 이 우주의 무든 것은 서로 뗄 수 없는 상관관계相關關係로 이루어져 모든 것이 인연에 따라 서로 의존하고 관계를 맺는 가운데 돌아가게 되어 있다. 어느 것 하나 본래부터 그 자체로서 독자적이고 고유한 것은 없는 것이다. 부처님께서 잡아함의 연기법경緣起法經에서 인연법칙을 설명하시면서 "이것이 있기 때문에 저것이 있고, 이것이 일어나기 때문에 저것이 일어난다." 라고 말씀하신 것도 우주 만물의 상호의존관계를 분명하게 밝히신 예이다. 현대사회의 경제구조는 국경을 넘어 상의상관관계相依相關關係에 있음은 우리가 잘 아는 일이다. 그러니 한 나라에 있어서의 금융위기는 당연히 그와 관계를 맺고 있는 다른 나라에 파급되고, 경제의 한 분야가 막히면 곧 그와 관련되는 다른 분야로 확산되어 가는 것은 당연한 논리이다.

문제는 경제난국을 슬기롭게 헤쳐나가기 위한 처방이다. 경제위기가 현실로 다가왔다면 그 정확한 원인을 파악함으로써 그 문제를 극복할 옳은 방법을 찾아 실행에 옮겨야 한다. 바로 부처님께서 이르신 사성제四聖諦의 공식이다. 미국발 금융위기는 한 마디로 미국의 대형금융회사들의 끝을 모르는 탐욕과 그것을 실현시키기 위한 사교邪巧에 가까운 금융기법에서 빚어졌다고 해도 과언이 아닐 것이다. 원래 탐욕은 탐욕을 더하고 사술詐術은 사술을 낳아 결국은 파멸로 이르게 한다는 것은 우리 인류역사가 실증하고 있다. 문제해결의 첩경은 구조조정이니 뭐니에 앞서 사람이 바뀌어야 한다는 것이다. 모든 일은 사람의 마음에서 우러나는 것이다. 그러니 모두가 탐진치貪瞋癡 삼독을 버리고 바른 소견[正見]

으로 정상적인 경영을 이루도록 해야 한다.

　엎친데 덮친격으로 경제한파와 함께 겨울 한파가 닥쳐왔다. 그러니 사람들이 당하는 고통은 더욱 심할 수밖에 없다. 그러나 어둠이 심하면 여명黎明이 가까운 것이요, 추위가 혹독하면 봄이 가까워짐을 뜻한다. 이 세상의 모든 것은 한 때도 정지됨이 없이 일정한 순환과정을 거듭한다는 것을 유의할 필요가 있다. 곧 모든 것은 나서 존재를 계속하다가 무너져 사라지는 성주괴공成住壞空의 과정이다. 이 법은 사람이나 기업이나 나라나 모두에게 적용된다는 것이 역사의 교훈이요, 그러한 순환법칙에서 벗어날 장사는 없는 것 같다. 어려우면 어려울수록 각자가 그의 몫을 조금씩 덜 챙기고 서로를 배려하며 긍정적으로 생각하는 마음을 생활화할 일이다. 그러려면 탐욕을 버리고 무명에 가린 마음을 닦아내면서 바른 소견正見을 기르는 것이 지름길일 것이다.

윤생輪生의 진리를 깨달아야

며칠 전의 신문 보도에 의하면, 미 항공우주국의 스위프트Swift 위성이 지난 1월 자외선과 엑스레이로 별의 폭발 장면부터 초신성의 탄생까지의 과정을 촬영하는데 성공하였다고 한다. 문제의 별은 지구에서 약 8,800만 광년이나 떨어진 거리에 있는 SN 2007uy와 SN 2008d라고 명명된 별인데, 초신성은 생의 마지막 단계에 이른 별이 폭발하면서 생기는 엄청난 양의 에너지를 순식간에 방출함으로써 나타난다. 헤아릴 수 없이 많은 별들은 그 길이에는 각각 차이가 있더라도 모두 일정한 기간 존재하다가 생을 마치면서 초신성을 탄생시키고, 그 폭발에서 생긴 잔해殘骸의 일부는 성간물질로 흩어져 다시 새로운 별을 만들어내는 재료가 된다. 그러므로 우주공간에서는 끊임없이 별들의 생주이멸生住異滅이 거듭되고 있는 셈이다.

엽락귀근葉落歸根이라는 말이 있다. 우리가 잘 아는 것처럼 매미 소리 요란한 여름철이면 그처럼 무성하던 나무 잎들도 가을바람이 불기 시작하면 슬금슬금 겨울채비를 하기 시작하여 한 잎두 잎 앞을 다투어 떨어진다. 대개의 나무는 미쳐 눈이 오기도전에 잎이 모두 져서 벌거숭이가 된 채 모진 겨울을 맞는다. 그러나 정들어 붙어있던 나뭇가지에서 땅에 떨어져 내린 잎들은 추위에 얼고 발에 밟히며 땅속에 스며들어 그 나무의 뿌리를 찾아들고, 봄이 오면 따스한 햇볕을 받으며 다시 나뭇가지에서 움을틔운다. 작년에 진 잎이 새 모습으로 다시 돋아난 셈이다.

어디 이들만의 일인가? 사람을 비롯한 모든 존재는 항상 변하는 가운데 언젠가는 반드시 사라지게 된다. 그것이 만고불변의진리이다. 그러나 사라진다는 것, 죽는다는 것은 아주 없어지는것이 아니라 새로운 무엇인가로 모습을 바꾸어 다시 태어나는 것이다. 그러니 죽는다는 것은 옷을 갈아입고 새로운 삶으로 옮겨가는 과정의 하나라고 하겠다. 과연 그렇다면 죽음은 삶의 연장이요, 삶의 결과라고 할 수 있다. 불가佛家에서의 말에 과거를 알고자 하면 현재의 모습이 그것이요, 미래를 알고자 하면 현재를보라는 말이 있다. 곧 과거에 쌓은 업業이 현재의 모습으로 나타나고, 현재에 쌓는 업이 미래의 모습으로 나타난다는 말이다. 이러한 이치를 알고 나면 한 순간도 부질없이 보낼 수 없다.

사실 우리가 흔히 말하는 '현재'라는 것은 볼 수도 없고 잡을수도 없다. '현재'는 찰나, 찰나에 있을 뿐이요, 그 찰나가 모여우리의 일생을 이루고, 인연이 다하면 다음 생으로 건너가게 된다. 그러니 찰나는 영원의 응축凝縮이고, 찰나 없는 영원은 있을 수 없는 것이다. 화엄경의 보현삼매품普賢三昧品에 보면 "한 찰나 가운데 많은 겁劫을 본다―刹那中見多劫"라는 말이 있지만 바로 그대로이다. 반복되는 순간의 연속 가운데 지나간 과거는 다시 돌이킬 수 없고, 남는 것은 오로지 우리의 신구의身口意 삼행三行이 지은 업과 우리의 의식 속에 새겨진 기억뿐이다. 미래는 아직 오지 않았고, 구태여 찾는다면 미래에 대한 희망과 망상이 있을 뿐이다. 그러니 삼세三世 가운데 우리가 무엇인가를 할 수 있는 것은 순간순간의 '현재'뿐이다. 우리가 열어갈 미래의 모습은 바로 현재에 사는 각자의 몫이니 '순간'의 소중함은 이루 말할 수 없이 큰 것이다. 부처님께서는 잡아함의 생경生經에서 "과거와 미래의 물질도 오히려 덧없거늘 하물며 현재의 물질이겠느냐. 많이 아는 거룩한 제자들은 이렇게 관찰한 뒤에는 과거의 물질은 돌아보지 않고, 미래의 물질을 즐겨하지 않으며, 현재의 물질은 싫어하여 떠나고 욕심을 멸하여 고요하여지나니 느낌, 생각, 뜻함, 의식도 또한 그러하느니라."라고 오온五蘊의 무상함을 말씀하시어, 과거와 미래에 매이지 말고 현재를 바르게 지킬 것을 당부하셨다. 삼세를 잇는 덧없는 삶을 보람되게 할 하나의 길을 열어 보이신 것이다.

생자필멸인데 서둘 일이 뭐있나

근래의 보도매체를 보면 얼마 전에는 안모씨의 자살이야기로 지면이 채워지더니, 요새는 최모 탤런트의 자살이야기가 단연 으뜸을 차지한다. 보는 각도에 따라서는 지나친 상세보도가 아니면, 모두가 너무 흥분하고 있는 건 아닌가 싶다.

생자필멸生者必滅이다. 생겨난 것은 어느 하나 예외 없이 언젠가는 모두 사라지기 마련이다. 모든 것은 본래부터 그 나름의 고유한 실체가 있는 것이 아니라, 모두 인연에 따라 여러 인자因子가 모여서 이루어진 것이기 때문에 으레 변하고 사라질 운명을 안고 태어난 것이라고 할 수 있다. 이치가 그러함에도 불구하고 생물들은 거의 모두가 죽음을 두려워하고, 할 수만 있다면 죽음을 피하거나 늦추려고 몸부림치는 것이 예사이다. 그런데 근래의 우리 주변을 돌아보면 자살의 급증急增이라는 의외의 현상을 볼 수 있다. 발표된 통계에 의하면, 2000년 한 해에 6,437건이라는 많은 수의 자살이 있었고, 2007년에는 그의 곱절에 가까운 12,174건의 자살이 있었다고 한다. 연 평균 12.7%의 증가율을 나타내는 것이고, 하루 평균 33.4건의 자살이 있은 셈이다.

생명 있는 것, 특히 사람에 있어 가장 소중한 것을 들라고 한다면 '생명'이 단연 으뜸일 것이다. 사람이 공부하고 일하고 먹고 자고 운동하며 지내는 거의 모든 과정이 결국은 살기 위한 것이라고 해도 크게 틀림이 없을 것이다. 그처럼 소중한 생명을 자기 스스로 끊는다는 것이 얼마나 어려운 일일지는 짐작하고도 남음이 있다. 누구나가 싫어하고, 가능하면 조금이라도 늦추고자 하는 죽음을 자기 스스로 앞당겨 결행決行하는 심정이 오죽하겠는가 하는 생각이 들지만, 그러한 사람의 수가 해마다 크게 늘어간다니 예사로운 일이 아니다. 자살에 이르는 원인은 여러 가지겠지만 심한 충격, 사회적 충동, 우울증 등 가운데 우울증으로 인한 경우가 가장 많다는 것이 전문가들의 소견이고 보면, 마음의 병이 얼마나 무서운 것인지를 새삼 느낄 수 있다. 특히 근래에는 인터넷상의 악성 댓글, 이른바 '악플'로 인한 충격이 자살로 이어지게 하는 예가 많다니 한심스럽기 짝이 없는 일이다.

생명은 다른 무엇과도 바꿀 수 없는 존귀한 것이며, 생명의 존귀함에는 '네 것' '내 것'의 구별이 있을 수 없다. 불교의 오계五戒나 그리스도교의 십계명十誡命이 "생명을 해치지 말도록" 정하고 있는 것도 그 탓이라고 할 수 있다. 불살생不殺生의 계戒는 남의 생명에 대해서만 적용되는 것이 아니라 자기 생명에 대해서도 타당한 것임은 물론이다. 사람을 비롯하여 미물微物에 이르기까지 모든 생명은 신성하고 존귀하며 엄숙한 것이다. 그러한 생명의 존엄성을 인정하고 존중하며 잘 가꾸어가는 가운데 자기발전과 사회안정을 기대할 수 있는 것이다. 태어난 것이라면 살아가는 동안 병이 없을 수 없지만, 병 가운데 보다 근본적이고 무서운 것이 마음의 병이다. 몸의 병은 현대 의술에 의해서 어느 정도 쉽게 고칠 수 있으나, 그렇지 못한 것이 마음의 병이다.

잡아함의 불염착경不染著經에서 부처님께서는 "눈과 빛깔을 인연하여 눈의 의식이 생기고, 이 세 가지가 화합한 것은 닿음이요, 닿음을 인연하여 느낌이 있으니, 즉 혹은 괴롭고 혹은 즐거우며 혹은 괴롭지도 즐겁지도 않은 것이다. 세 느낌의 모임과 세 느낌의 사라짐과 이 느낌의 맛, 이 느낌의 근심, 이 느낌의 떠남을 참되이 알아, 그 물질의 인연에 막히고 걸리면 그 막히고 걸림을 없앤 것을 위없이 안온한 열반이라 하느니라."라고 하신 다음, 귀, 코, 혀, 몸, 뜻에 있어서도 또한 같음을 말씀하시어, "나에 대한 염착"을 버려 마음의 안온을 간직하도록 가르치셨다.

더 늦기 전에 발심發心하자

의약醫藥이 발달되고 일상의 생활상태가 크게 개선된 탓이겠지만 사람의 평균수명이 종전과는 비교할 수 없으리만큼 길어지고, 노인인구가 급증한 것이 사실이다. 노인인구의 증가추세는 적어도 당분간은 꺾일 것으로 보이지 않는다. 그런 탓이겠지만 근년에 들어 노인문제가 커다란 사회문제로 부각되기 시작하여 정부는 물론 사회 각계에서 노인복지라든가 노년층의 경륜을 활용하는 방안 등에 대한 관심이 높아지고 있음을 볼 수 있다. 불교계에서도 어려운 여건을 극복하면서 노인요양시설이나 노인종합병원 등을 설립하여 노인복지활동에 최선을 다하고 있는 것을 보면 참으로 흐뭇하고 자랑스럽기까지 하다.

한편 노인들 중에는 건강이 허락하는 한 할만한 일을 찾아 자기의 지식과 경험을 살려 조금이라도 사회에 이바지하고 소일消日도 했으면 하는 사람이 많지만, 마땅한 일거리가 눈에 띄지 않는다고 서운해 하는 이가 많다. "노는 것이 일하는 것보다 힘들다"는 푸념섞인 말도 들린다. 필자가 잘 아는 친구들 가운데에는 뒤늦게나마 산사山寺를 찾아다니면서 부처님 가르침에 젖어드는 사람도 있다. 시시각각時時刻刻 늙어가고 있는 우리로서 더 늙기 전에 지금이라도 불문佛門에 귀의하는 것이 얼마나 값지고 좋은 일인가!

지난달 '불광'을 보니 "부서진 수레는 굴러갈 수 없고, 노인은 닦을 수 없다"라는 제목이 눈에 띄어 나잇살이나 먹은 나로서는 뜨끔하지 않을 수 없었다. 잘 들여다보니, 원효대사의 발심수행장發心修行章에 있는 "부서진 수레는 가지 않고, 노인은 닦지 않는다"破車不行 老人不修는 구절을 제목으로 잘못 올린 것임을 알고 가슴을 쓸어내렸다. 원효대사는 세월이 빨리 흘러감을 지적하시면서 하루라도 더 늙기 전에 발심 수행發心修行하도록 일깨우신 것인데, 제목만 잘못 보면 오히려 노인들에게 큰 실망을 안겨줄 우려도 없지 않다고 보는 것이 나의 기우杞憂 탓 만일까?

젊을 때에는 가솔家率을 부양하고 사회에 이바지하기 위하여 동분서주東奔西走하다보면 차분히 불법을 익힌다는 것이 그리 쉬운 일이 아니다. 그러나 나이 들어 현역에서 물러나고 보면 활용할 수 있는 시간이 많아지고 마음에도 여유가 생겨, 불법에 몰입할 수 있는 참된 기회를 얻는 수가 많다. 생업에서 멀어진 뒤에 불문佛門에 발을 들여놓는 일은 부처님 당시에도 그 예가 많았고, 심지어 부처님의 마지막 제자가 된 120세의 바라문 수밧다 Subhadda: 須跋는 반열반에 드시기 직전의 부처님을 찾아뵙고 가르침을 받아 득도했다는 것을 장아함의 유행경遊行經 제2와 대반열반경大般涅槃經은 소상히 전하고 있다. 특히 근년 들어 웰빙well being과 함께 웰다잉well dying에 관심이 높아지면서 불법에 귀의하는 노인들이 많아진 것은 잘 알려진 일이다. 하루라도 더 늦기 전에 발심하여 수행을 쌓는 것이 바람직한 일임은 다시 말할 나위조차 없는 일이지만, 불자佛子됨에 나이의 고하高下가 문제될 것이 없음은 물론, 운명하는 마지막 순간의 발심인들 어찌 귀하지 않다고 하겠는가!

불확실한 시대에도 확실하게 살자

피터 드러커Peter Drucker가 그의 저서 '단절의 시대'Age of Discontinuity에서 닥아올 시대의 불확실성에 대한 경고를 발한 지 약 40년이 지났지만, 지금 우리 둘레를 살펴보면 크게는 자연현상으로부터 작게는 개인의 처지에 이르기까지 불확실성이라는 구름이 짙게 깔려있는 것이 사실이다. 지구온난화를 비롯한 세계적인 기상상태, 미국의 서브프라임 사태로 빚어진 국제경제상황, 중동과 북핵문제를 비롯한 국제적인 정치상황, 우리나라 새 정부의 출범과 러시아 및 미국의 대통령선거, 취업불안과 물가상승 등 이루 헤아릴 수 없이 많은 문제들이 앞을 내다보기 어려운 안개 속에 있다. 상황이 그렇다보니 사람들은 정확한 방향설정이 어려워 마음이 불안하고, 그때그때의 여건에 따라 일희일비—喜—悲를 거듭하면서 불안한 나날을 보내는 예가 많아질 것은 뻔한 노릇이다. 그러나 뚜렷한 믿음 없이 반복하는 임기응변臨機應變이 효험을 내기에는 한계가 있는 것이어서, 그것이 오래 계속되면 결국 파국을 맞고 마는 것이 통례이다.

우리가 여러 분야에서 직면하고 있는 불확실성의 원인을 살펴보면 모두가 인간의 탐욕, 진에瞋恚, 우치愚癡라는 삼독三毒에서 비롯된 것임을 쉽사리 알 수 있다. 인간을 비롯한 지구상의 것은 물론, 우주만물은 어느 하나 동떨어져 존재할 수 있는 것이 없이 모두가 서로 의존하고 보완하면서 그 존재가 유지된다는 것은 만고불변의 진리이고, 오늘날의 과학이 실증하는 바다. 그런데도 탐욕으로 가득한 사람들은 자연은 정복할 수 있다는 오만과 끝을 알 수 없는 개발행위로 치달음으로써 약간의 경제적 번영은 이루었지만, 결국 지구환경의 훼손이라는 돌이킬 수 없는 부산물을 남김으로써 오늘날 보는 바와 같은 심각한 지구적 환경문제에 직면하게 되었다. 어디 그뿐인가? 종교와 종족이라는 미명美名 아래 서로 배척하고 미워하면서 수많은 무고한 생명을 빼앗고 삶에 대한 희망을 앗아가고 있으니 참담한 일이 아닐 수 없다. 전 세계적인 경제불안을 불러온 미국의 서부프라임문제만 해도 인간의 무지와 탐욕이 빚어낸 당연한 귀결歸結이다. 돈 없이 집을 마련하려는 욕심과 더 많은 이자를 받으려는 금융기관의 불확실한 대출貸出이 결합되어 생긴 일이니, 결국 인간의 무명과 욕심을 탓할 수밖에 없다. 그러니 이 모든 문제는 인간이 삼독에 매어 저지른 과보果報요, 엄연히 연기적緣起的인 것임을 명심할 일이다.

붓다께서는 잡아함의 연기법경緣起法經에서 "연기법은 여래가 세상에 나오거나 세상에 나오지 않거나 법계에 항상 머물러 있다. 여래는 이 법을 스스로 깨닫고 등정각을 이루어 모든 중생들을 위하여 분별하여 연설하고 드날리고 드러내 보이니라. 이른바 '이것이 있기 때문에 저것이 있고, 이것이 일어나기 때문에 저것이 일어난다'는 것이다."라고 하여 우주의 진리인 연기법을 설하시고 우주만물의 상의상관관계相依相關關係를 분명히 하셨다. 그 뿐만 아니라, 잡아함의 수비구경手比丘經에서 "탐욕과 성냄과 어리석음은 사람의 마음을 결박하나니 안에서 생겨 스스로 해치는 것, 마치 저 갈대의 열매 같거니 탐욕, 성냄, 어리석음의 마음 없으면 그것을 일러 지혜라 하네. 안에서 생겨 저를 해치지 않나니 그것을 훌륭한 사내라 하느니라."라고 하시어 삼독을 버릴 것을 게송偈頌으로까지 말씀하셨다. 모든 것은 이 마음에서 우러나고, 마음 하나에 달린 일이다. 아무리 불확실한 시대라도 붓다의 가르침에 따라 마음에서 삼독을 몰아내고 안온한 마음을 가져 확실한 삶을 누릴 일이다.

잘 나갈 때 절제하고, 만족할 줄 알아야

"달도 차면 기운다."는 말이 있지만, 생겨난 것 치고 변하고 사라지지 않는 것은 하나도 없다. 모든 것은 성주괴멸成住壞滅, 곧 생겨나 있다가 언젠가는 부서져 사라진다. 사람이 그렇고, 나라가 그렇고, 우주에 널려있는 별들이 그렇다. 그러니 나머지 것들이야 말할 나위조차 없는 일이다. 불로장생不老長生을 위해서 불로초를 찾아 온 세상에 사람을 풀었다는 진시황이나 유럽에까지 위세를 떨친 징기스칸도 수명의 한계를 넘지 못했고, 멸망과는 거리가 먼 것으로 여겨졌던 로마제국도 역사의 뒤안길로 사라졌으며, 하늘을 가득 메운 별들도 언젠가는 그 수명이 다하여 초신성超新星의 처지를 겪게 마련이다. 이것이 우주의 진리요, 자연의 법칙이며, 부처님께서 스스로 깨쳐 밝히신 제행무상諸行無常이다.

세상은 지금 세계적인 금융위기를 맞아 불안하기 짝이 없는 나날이 이어지고 있다. 세계의 금융권에 군림하며 직장인의 선망의 대상이 되었던 미국의 4대 투자은행IB 가운데, 리먼 부러더스가 파산절차에 들어가고, 메릴린치가 미국은행BOA에 팔렸는가 하면, 골드만삭스와 모건 스탠리는 금융지주회사로 탈바꿈함으로써 월가Wall St.의 투자은행시대는 막을 내렸으며, 세계에서 가장 큰 보험회사라는 미보험그룹 AIG조차 정부의 구제금융으로 겨우 숨을 깔딱거리고 있다니 참으로 어처구니없는 일이다. 일이 이 지경에 이르게 되자 며칠 전까지만 해도 세계 금융시장을 호령하던 뉴욕의 월가는 탐욕으로 부풀려진 공룡들의 무덤이 된 격이다. 미국 정부는 예상 외로 큰 금융위기를 극복하기 위해서 사상 유례없는 규모의 구제금융을 하겠다고 공언하고 나섰다. 한달 전만 하더라도 미국에서 작년부터 불어온 이른바 비우량 주택담보대출 문제로 유발된 금융시장의 혼란이 있기는 하지만, 그것으로 미국의 금융시장을 대표하는 거대한 투자은행들이 도산倒産하거나 M&A의 대상이 되리라고 짐작한 사람은 거의 없었다. 그러나 글로벌 금융시장을 호령하던 이들 거대 투자은행들은 불과 일주일 사이에 차례로 숨을 거두기 시작했고, 그 여파餘波로 세계의 금융시장은 한치 앞을 내다보기 어려울 정도로 요동치고 있는 것이다. 결국 생겨난 것은 예외없이 사라지기 마련이고, 영원한 번영은 없다는 자연의 법칙을 되새기게 하는 순간이다.

    이 모든 일이 '나'는 할 수 있다는 자만自慢과 끝없는 탐욕을 쫓아 물불 가리지 않고 달려간 결과라고 할 수밖에 없다. 원래 그 정체를 알 수 없는 것이 탐욕이다. 그 끝이 어딘지, 얼마나 큰 것인지를 알 수 없는 것이 탐욕이다. 그러한 탐욕을 무턱대고 쫓아가다 보면 자기도 모르게 늪에 빠질 수도 있고, 험산유곡에 갇힐 수도 있다. 어디 그뿐인가? 탐욕은 그것을 쫓는 본인뿐만 아니라 이웃에게조차 큰 해를 끼치는 것이 보통이다. 그렇기 때문에 부처님은 탐욕을 삼독三毒 가운데 하나로 꼽기까지 한 것이고, 선인들은 소욕지족少慾知足을 거듭 강조한 것이다. 부처님께서는 잡아함의 장신경長身經에서 바라문에게 이르시기를 "만약 탐욕의 불을 끊어 없애지 않으면 자기를 해치고 남을 해치며, 자기와 남을 함께 해치고, 현세에서 죄를 짓고 후세에서 죄를 지으며, 현세와 후세에서 모두 죄를 지어 그 때문에 마음의 근심과 괴로움이 생긴다."라고 하셨고, 또 잡아함의 제바경提婆經에서는 제자들에게 "비록 이익이 있더라도 거기에 물들어 집착하지 말라."고 가르치셨다. 이는 부처님께서 탐욕의 무서움을 일깨우시면서, 욕심을 절제하고 만족할 줄 아는 심성을 가꾸어 스스로 파멸에서 벗어날 수 있는 길을 열어 보이신 귀중한 말씀이다. 사람이 세속의 삶을 살아가자면 욕심이 전혀 없을 수는 없는 일이지만 그 욕심은 반드시 절제되어야 번뇌에서 멀어질 수 있고, 스스로 만족할 줄 알아야 마음의 평안을 얻을 수 있음을 명심할 일이다.

생겨난 것은 모두 변하고 소멸한다

 지난 9월 1일 경의 주요 일간지에는 허블천체망원경이 찍었다는 초신성超新星의 폭발장면을 담은 선명한 사진이 실렸다. 이번의 초신성의 폭발은 지구에서 약 4억 4천만 광년 떨어진 위치에서 벌어진 장관으로, 보통 하나의 은하에서 몇백년 만에 한 차례 일어나는 드문 일인데, 이번에는 발달된 천체망원경 덕으로 그 폭발과정을 모두 관찰할 수 있었다는 것이다. 초신성의 폭발이란 새로운 별의 현상이 아니라, 죽어가는 별의 최후를 말한다. 가을의 밤하늘을 가득 메운 별들도 생겨났다가 그 내부의 핵연료가 다하면 점차 쪼그라들어 결국은 폭발하여 별의 일생을 마치게 된다. 지구라는 작은 행성行星에 있는 인간을 비롯한 모든 존재와 조금도 다를 것이 없으며, 결국 생겨난 것은 어느 하나 예외 없이 변하고 소멸하기 마련이다.

 부처님께서는 '과학'이라는 말조차 있기 전인 기원전 2600년경에 이미 잡아함의 인연경因緣經에서 이르시기를 "물질은 무상한 것이다. 혹은 인으로, 혹은 연으로 말미암아 여러 물질이 생기더라도 그것도 또한 무상하니라. 무상한 인과 무상한 연으로 말미암아 생기는 여러 물질이 어떻게 항상함이 있겠느냐."라고 하시어 제행무상諸行無常을 밝히셨다. 우주만물이 모두 무상하니, 이제부터라도 그에 집착하여 괴로움을 당하는 어리석음을 털어내야 하지 않겠는가!

중도中道의 미덕을 지키자

선거철이 돼서인지 요새 세상 돌아가는 것을 보고 있노라면 한심스럽게 느껴지는 경우가 한두 가지가 아니다. 모두가 서로 날을 곤두세워 좌左가 아니면 우右요, 백白이 아니면 흑黑의 논리를 주장하고 서로 한 치의 양보도 없다. 이러한 경직硬直된 현상은 정치 분야뿐만 아니라 우리의 일상생활을 비롯한 사회 도처에서 볼 수 있다. 하기야, 물질만능의 풍조가 만연되고 모든 일을 경쟁이 지배하게 되다보니 우선 가져야 되고, 갖기 위해서는 이겨야 하기 때문에 모든 일을 저돌적猪突的으로 밀고 나갈 수밖에 없게 된 지도 모른다. 그러나 모두가 양극兩極을 달리다 보니 세상이 각박刻薄하기 이를 데 없고, 마음 편할 날이 없다. 사람은 누구나 행복을 추구한다. 갖고자 하는 것이나 경쟁을 하는 것도 모두 행복하기 위해서이다. 그런데도 현실은 목적과 수단이 뒤바뀐 느낌이 드는 경우가 많다. 또 갖고자 한다고 다 가져지는 것이 아니고, 경쟁을 한다고 해서 모두 이기는 것도 아니다. 그런데도 서로가 한 치의 양보도 없이 모두 앞으로만 가려고 하니 이루어지기 어렵고 갈등만 는다.

극極은 극으로 통한다는 말이 있지만, 극단적인 것은 결국 어느 쪽이나 마찬가지로 조화를 이룰 수 있는 여유가 없다. 잡아함의 이십억이경二十億耳經에 보면, 남이 따르기 힘들 정도로 수행에 용맹정진하였는데도 성과가 없자 실의失意에 빠져있는 이십억이 비구를 보신 부처님께서는 그가 출가 전에 거문고를 잘 타던 것을 생각하시고 그에게 "줄을 잘 골라 너무 늦추지도 않고 조이지도 않으면 미묘하고 화하고 맑은 소리를 내던가?"라고 물으시어 그가 "그러하나이다"라고 대답하자, "정진이 너무 급하면 들뜸을 더하고, 정진이 너무 느리면 사람을 게으르게 한다. 그러므로 너는 마땅히 고르게 닦아 익히고 거두어 받아, 집착하지도 말고, 방일하지도 말며, 모양을 취하지도 말라."고 하시어 중도의 길을 가르치신 부분이 있다. '빨리'와 '더'의 성과적 유혹에 빠지기 쉬운 이 시대에 우리가 특히 새겨들어야 할 가르침이다.

혀는 왜 하나일까

우리 몸에는 감각기관感覺器官으로 오관五官이 있다. 곧 시각기관인 눈, 청각기관인 귀, 후각기관인 코, 미각기관인 혀, 그리고 촉각기관인 몸이 그것이다. 이를 오근五根이라 하고, 거기에 의식기관意識器官을 합쳐서 육근六根이라 부른다. 이들 육근에 밖의 여러 현상인 육경六境이 와 닿음으로써 그에 대한 인식認識이 생기는 것이어서, 그것을 육식六識이라고 부른다. 사람은 이 육근으로 인해서 보고 듣고 냄새 맡으며 맛을 아는 등 갖가지 느낌을 가질 수 있는 것이다.

그런데 조금 자세히 들여다보면 눈, 귀와 코는 모두 두 개씩의 구멍으로 이루어져 있는데, 혀와 몸은 각각 하나씩임을 알 수 있다. 왜 그럴까? 만일 혀와 몸도 눈이나 귀의 경우처럼 둘씩이라면 더 편리한 경우가 많을 듯한데, 왜 그렇지 않은지 퍽 궁금한 노릇이다. 눈, 귀, 코가 둘씩이라는 것은 각각 빈 곳, 곧 구멍이 둘씩이라는 것이나, 혀나 몸이 둘씩이기 위해서는 적극적으로 혀와 몸을 이루는 살덩이가 더 필요해서 그런 것은 아닐성 싶다. 무엇인가 깊은 뜻이 있어 애당초 그처럼 만들어진 것일 게다.

하기야, 눈과 귀와 코는 빛과 소리와 냄새를 느끼는데 그치고, 그 느낌에서 한 걸음 나아가 생각하고 그 생각을 행위行爲와 연결시키는 일을 직접 담당하지 않는 소극적인 감각기관에 불과하다. 그러나 혀나 몸이나 의식은 그와는 기능적機能的으로 퍽 다르다. 우선 혀는 맛을 느끼는 감각기능을 갖지만, 그에 그치는 것이 아니라 생각한 것을 말로 나타내는 구실을 한다. 몸 또한 그 피부의 촉각觸覺을 통해서 부드럽거나 거칠거나 아프다는 등 닿음을 통해서 느끼는 구실을 하지만, 동시에 생각한 바에 따라 여러 가지 행위를 하는 역할을 담당한다. 의식意識도 마찬가지다. 눈, 귀, 코, 혀, 몸을 통해서 느낀 것을 의식화하고 분별하며 적극적으로 생각을 자아내는 구실을 하는 것이다. 이와 같이 본다면, 소극적인 감각기능에 그치는 기관은 두 개씩으로 이루어져 있지만, 적극적인 기능을 갖는 기관은 하나씩으로 한정된 것 같다. 그 뿐만 아니라 눈, 귀, 코와 같은 감각기관은 두 개가 서로 협력하고 보완補完함으로써 그 구실을 보다 완벽하게 수행한다. 그와는 달리 입, 몸, 뜻이 두 개씩이라면 서로 협력하고 보완하기 보다는 오히려 서로가 맞물려 혼란이 더해질 것만 같다.

우리 인간의 고뇌苦惱는 삼사三事에서 비롯되고, 세상의 불화不和도 삼사와 관계없는 것이 없다. 이 삼사를 담당하는 기관이 바로 입과 몸과 의식이다. 그래서 불가佛家에서는 신구의身口意 삼사라는 말을 자주 쓰고, 몸을 통해서 하는 세 가지 행위, 입을 통한 네 가지 말, 그리고 의식을 통해서 지어지는 세 가지 생각을 합쳐서 십행十行이라 한다. 곧, 살생殺生, 투도偸盜와 사음邪淫이 몸으로 짓는 세 가지 악행惡行이고, 거짓말妄言, 이간질 하는 말兩舌, 꾸밈말綺語과 나쁜 말惡語이 입으로 짓는 네 가지 악행이며, 탐욕貪慾, 진에瞋恚와 해치려는 생각害意이 뜻으로 짓는 세 가지 악행이다. 이들 행의 근원인 입, 몸, 뜻이 각각 하나씩인데도 사람 사이가 혼란스럽고 고뇌를 떠나지 못하는데, 그런 구실을 담당하는 기관이 두 개씩이라고 한다면 얼마나 더 어려워지겠는가? 생각만 해도 오싹해진다.

잡아함의 사구법경四句法經은 "부디 그 마음과 몸과 입으로 어떠한 나쁜 일도 행하지 말라. 이 세상의 오욕五慾은 허망하나니 바른 지혜로 바르게 생각을 매어 온갖 괴로움을 가까이 말라."라는 가르침을 전한다. 입과 몸과 의식이 여러 행위의 수단이니 이를 잘 거두어 간수하라는 말씀이다. 그리고 보면 입과 몸과 마음이 각각 하나씩인 것이 얼마나 다행한 일인지 모를 일이다.

알면 행해야

　대기오염 때문에 호흡기 질환이 늘었다거나 수돗물을 안심하고 마실 수 없다느니 하면서 지역적인 환경문제를 걱정하던 때만 해도 그런대로 낭만적인 경우에 속한다. 이제는 지구온난화니 사막화현상의 가속화라든가 기상이변의 문제는 물론, 멸종위기에 있는 생물이 급격히 늘어남으로써 인간을 포함한 생물의 생존 자체에 대한 우려를 낳게 하는 지구적 환경문제가 관심의 초점에 오르게 된 것이다. 그런 와중에서 사람들은 환경문제를 걱정하는 소리만 지를 뿐, 스스로 앞장서서 환경에 도움을 주는 행동을 하는 데는 인색하기 짝이 없다.
　부처님께서는 모든 것은 서로 의존하는 관계에 있는 것으로서, 어느 하나 그 만으로 존재하는 실체는 없음을 분명히 하셨고, 그것은 현대과학으로도 입증되고 우리의 삶을 통해서 경험하고 있는 일이다. 우선 사람이 살아가기 위해서는 최소한의 음식물을 섭취해야 한다. 그 가운데 우리의 주식인 밥을 예로 들어보면 이른 봄에 농민들이 씨를 뿌리고 모를 내서 가꾸는 벼가 비를 통해서 물을 공급받고 태양의 열을 받으면서 자라는 과정에 비료공장에서 만들어내는 비료의 힘을 입어 충실하게 성장하고 벼이삭이 맺어 여물면 수확된 벼가 도정공장에서의 도정으로 쌀이 되고 유통과정을 거쳐 우리의 부엌에까지 오게 되는 것이니, 이 얼마나 많은 것들의 힘이 합쳐져 한 톨의 쌀이 밥상에 오르게 되는지를 실감하게 한다. 어디 그뿐인가? 우리는 한 때도 숨을 쉬지 않고는 삶을 유지할 수 없다. 사람은 호흡을 통해서 공기를 들여마셔 그 가운데 산소를 활용하고 이산화탄소를 내뱉는다. 반면에 우리 주변에 있는 식물들은 대기 중의 이산화탄소를 활용하고 산소를 뿜어낸다. 이 얼마나 멋진 공조共助인가! 이처럼 모든 것은 서로 돕고 의존하면서 그 존재를 유지하고 있는 것이다.

그런데도 무지한 인간들은 자연은 정복할 수 있는 것이라는 오만하고 잘못된 생각으로, 오로지 풍요豊饒로움을 추구하여 개발을 서두르고, 급속한 과학의 발달에 힘입어 개발은 속도를 더할 뿐만 아니라, 끝을 모르는 인간의 욕망은 '더'와 '빨리'의 틀 속에서 개미 쳇바퀴 도는 것과 같은 나날을 보내고 있다. 거기에 역사적으로 개인주의individualism에 길들여진 서구의 생활방식이 세계적으로 확산됨으로써 '우리'가 아닌 '나'가 우선순위를 차지하게 되고 보니, 서로 돕고 의존한다는 관념은 먼 동네의 이야기처럼 들리게 된 것이 사실이다. 우리의 속담에 "말 타면 경마 잡히고 싶다"는 말이 있다. 차 한 대도 없던 사람이 자동차를 사서 얼마 지나면 집에서 따로 쓰는 차를 생각하게 되니 인간의 욕심에 한이 없고, 그러자니 자동차가 뿜어내는 이산화탄소CO_2가 늘 것은 뻔한 일이며, 그로 인한 지구의 온실가스현상이 가속화될 것은 당연한 일이다. 또 그토록 많이 쏟아져 나오는 책이나 각종 광고물을 만드는 종이의 원료를 얻기 위해서 지금 이 시간에도 헤아릴 수 없이 많은 나무가 벌채되고 있다. 어디 그 뿐인가? 사람들의 시각적인 만족을 취하기 위해서 책 표지 등에 광택을 내고 물에 잘 젖지 않는 코팅을 함으로써 땅에 들어가도 잘 썩지 않아 2차 공해를 유발하는 원인이 되고 있다. 재생지를 사용한다고 해서 글이 잘 보이지 않는 것도 아니고, 표지를 코팅하지 않으면 오히려 소박해서 좋지 않은가!

이론물리학 분야에서 당대의 석학으로 공인받고 있는 영국의 스티븐 호킹박사는 지난달 홍콩에서의 한 강연회에서 지구가 재난으로 멸망할 위험이 점점 커지고 있다면서, "만일 인류가 앞으로 100년 동안에 자멸을 피하려면 지구의 지원 없이도 버틸 수 있는 우주정착촌을 가져야 할 것"이라고 주장했고, 이달 5일에는 누리꾼들로부터 답을 구하는 '야후 앤써즈'Yahoo Answers에 "정치적, 사회적, 환경적으로 혼돈상태인 이 세상에서 인류가 앞으로 100년간 지속할 수 있을까?"라는 질문을 올리기까지 했다. 이는 핵확산, 가공할 무기체계의 발달 및 범지구적인 환경파괴로 인해서 우리가 살고 있는 지구라는 조그마한 혹성이 생물의 생존에 적합하지 않은 죽은 별로 전락할 위험이 매우 크다는 것을 일깨우고 경종을 울린 것이라고 하겠다.

부처님은 인도에서는 석달 남짓이나 계속되는 우기雨期에 각종 생물이 활발하게 성장하는 점을 감안해서, 비구들이 그 기간 동안에 유행遊行을 계속함에 따라 홍수 등으로 인한 위험은 물론, 벌레 등을 밟아 무의식 중에라도 살생을 하는 일을 피하기 위해서 석달간의 우안거雨安居를 제도화하시기까지 했음을 우리는 잘 알고 있다. 환경문제는 오늘에 사는 우리의 근심꺼리에 그치지 않고, 우리의 아들 딸 및 그들의 아들과 딸들의 건강과 생존에 관한 문제이다. 우리는 환경문제의 심각성을 인식한다면 우리가 할 수 있는 작은 일부터 당장 행동에 옮겨야 한다. 알면서 행하지 않으면 모르는 것만 못하다. 환경보전을 위해서 무엇인가를 한다는 것은 '나만을 위한 것이 아니라 '우리' 모두를 위한 것이고, 그것은 인간의 울타리를 넘어 모든 생물을 위한 보시요 자비행이 되는 일이다.

오직 자등명自燈明과 법등명法燈明을 따를 뿐이다

사람은 누구나 행복하기를 원한다. 그것이 어디 사람만의 일이겠는가? 생명 있는 모든 것은 예외 없이 보다 편하고 보다 잘 살기를 원한다. 문제는 어떻게 해야 잘 살 수 있는가 이다. 지난 한 해를 공허空虛하게 보낸 사람일수록 새해에 거는 기대가 크다. 특히 새해는 정해년丁亥年 이어서 돼지해인데, 600년 만에 드는 황금돼지 해라고 해서 새해에 거는 기대가 이만저만한 것이 아닌 것 같다.

그런데 부富나 복福은 그 해가 무슨 해인가에 따라 오기도 하고 가기도 하는 것이 아니다. 각자의 행하는 바에 따라 들어오기도 하고 나가기도 하는 것이다. 우선 부나 복이 들어올 수 있도록 문이 열려 있고, 빈 자리가 있어야 한다. 뱃속이 비어야 음식이 맛이 있고 많이 먹을 수 있으며, 주머니가 비었어야 새로운 것이 들어갈 수 있듯이, 부나 복도 마찬가지 일이다. 족足한 줄을 모르고 계속 욕심만 부린다거나, 움켜쥐기만 하고 착하게 쓰지 않는 경우에는 부가 찾아들 틈새가 없는 것이다.

새해에는 모름지기 부처님의 가르침과 자기의 본래 청정한 성품을 등불 삼아 바른 길을 향해 정진함으로써 복문福門을 활짝 열어야겠다. 부처님께서는 잡아함의 십육비구경十六比丘經에서 "자기를 피난처로 삼아 머물고 자기를 의지하여 머물며, 법을 피난처로 삼아 머물고 법을 의지하여 머물되, 다른 것을 피난처로 삼거나 다른 것을 의지하지 말라."라고 거듭 말씀하시어, 우리가 길잡이로 삼을 것이 무엇인지를 분명히 하셨다. 이 가르침을 마음에 깊이 새겨 행하기만 하면 복은 부르지 않아도, 그리고 그해가 무슨 해인지에 관계없이 스스로 찾아들기 마련이다.

겉보다 속을 더 가꾸자

사람은 겉으로 보이는 몸肉身과 눈으로 볼 수 없는 마음으로 이루어졌다는 것쯤은 누구나 아는 일이다. 사람들은 본질을 제대로 알지 못하기 때문에 눈으로 보이고 손으로 만질 수 있는 것에만 관심을 나타내고, 눈에 보이지 않는 것에 대해서는 소홀한 것이 보통이다. 그러다 보니, 사람들은 자기나 남의 겉모습에 대해서는 밤낮으로 신경을 쓰고 가꾸기에 분주하다. 그래서인지 요즘 살빼기를 위한 다이어트와 성형수술이 대유행이라고 한다. 아름다워지기 위해서는 배고픔이나 수술의 아픔 그리고 많은 비용쯤은 능히 감당할 수 있는 것 같다.

그러나 사람이 몸과 마음으로 이루어진 것이라면 그 두 가지가 균형을 이루어야 마땅할 것이다. 몸에 대해서는 좋다는 것을 다 챙겨먹고 쉴 사이 없이 매만지면서, 마음은 거의 거들떠보지 않는다면 균형이 깨지고, 그 결과 몸은 비대해진 반면에 마음은 척박해질 것은 당연한 일이다. 오늘날 우리 사회에서 흔히 볼 수 있는 자살이나 폭력행위의 증가를 비롯한 갖가지 부조리한 현상들은 몸과 마음의 불균형에서 빚어진 결과라고 해도 결코 지나침이 없을 것이다.

사실 우리의 몸을 움직이는 것은 마음이고, 마음이 주인이다. 그래서 화엄경에서도 "모든 것은 오직 마음이 만든다"一切唯心造라든가, "삼계는 오로지 마음이다"三界唯心라고 하지 않았는가? 주인은 놓아두고 나그네만 챙기니, 집안 일이 제대로 될 리가 없다.

부처님을 찾아간 늙은 나쿨라장자가 부처님께 훈교訓敎를 청하자, 부처님께서는 "네 말과 같이 몸에는 두려움과 고통이 많다. 믿어할 것이 없다. 다만, 엷은 가죽이 위를 덮었을 뿐이다. 장자여! 그 몸을 의지하는 이는 실로 잠시 동안의 즐거움은 있을지라도 그것은 어리석은 마음으로서, 지혜로운 사람이 귀히 여기는 바가 아니다. 그러므로 장자여! 비록 몸에는 병이 있을지라도 마음에는 병이 없게 하라."라고 이르신 것을 증일아함의 이양품利養品에서 볼 수 있다. 하루에 한 번씩이라도 조용히 마음을 챙김으로써 본래 청정하고 고요한 마음의 참모습을 찾고 가꾸어야 하지 않겠는지!

본래부터 있는 것이 아니니, 집착하지 말자

지구온난화의 영향인지 금년 봄은 더 빠른 것 같다. 겨울 동안 죽은 듯이 움츠렸던 나뭇가지에 새싹이 돋고, 얼어붙었던 땅에서는 갖가지 풀들이 앞을 다툰다. 생명을 느끼게 하는 계절이다. 그런데 멀지 않아 녹음이 우거지고 잡초가 무성할 때쯤이면 사람들은 마치 자연이란 본래 그렇게 되어 있는 듯한 착각에 빠져드는 것이 예사이지만, 실은 그 모든 것이 다 허상虛像에 불과한 것임을 알아야 한다.

부처님께서는 이미 2500여년 전에 인간을 포함한 이 세상의 모든 것은 인연이 닿아 여러 입자粒子가 모여 만들어진 일시적인 형상에 지나지 않고, 본래부터 그것 자체로서의 실체를 가지고 있는 것은 하나도 없다는 것을 설파하셨음을 우리는 알고 있다. 알랜 왈래스Allan Wallace박사는 최근에 낸 '명상과학'이라는 책에서 "모든 것은 물질과 에너지로 구성되어 있으며, 물질은 전자와 양자 같은 미립자微粒子로 된 원자로 구성되어 있다"고 하였고, 현대 물리학의 거장巨匠 안톤 자일린거Anton Zeilinger박사는 '신물리학과 우주학'이라는 책에서 광자나 양자 같은 미립자는 실험방법에 따라 파동波動으로도, 입자로도 나타나 종잡을 수 없다는 것을 밝혔다. 제법무아諸法無我의 오묘한 이치를 되새기게 하는 대목이다.

  모든 것은 인연이 닿아 여러 요소가 결합하여 꾸며진 상대적인 현상에 불과한데도, 그러한 겉모습에 휘둘려 좋다거나 나쁘다고 분별하여 취사선택取捨選擇함으로써 스스로 갈등과 고통 속에 빠져든다. 잡아함의 시라경尸羅經에는 "마치 여러 재목을 한데 묶어 세상에서 수레라 일컫는 것처럼, 모든 쌓임의 인연이 모인 것을 거짓으로 중생이라 부르니라"라는 게구偈句가 있다. 이러한 사물의 본질을 알면 겉모습에 휘둘려 집착하는 어리석음으로부터 벗어날 수 있다. 금강경의 "무릇 형상 있는 것은 모두 허망하니, 만약 모든 형상이 형상 아닌 것으로 보면 곧 여래를 보리라"라는 사구게四句偈도 같은 뜻이다. 그러니 '나'를 내세우고, 눈에 보이는 것에 매달린들 번뇌 이상의 무슨 소득이 있겠는가!

뉘우치고 참회하는 공덕

요새 신문을 보고 있노라면 마치 요지경 속 같은 느낌이 든다. 특히 선거철이 가까워 온 탓인지 정치를 한다는 사람들의 소리가 요란하고 예사롭지 않다. 서로 날을 세워 상대방을 헐뜯는가 하면, 그에 질세라 반격이 또한 이만 저만한 것이 아니다. 무릇 사람들의 시비는 입에서 비롯되고, 시비가 한 번 고개를 들면 당사자조차도 당혹스러운 방향에로 전개되어 행동으로까지 발전하는 것이 시비의 특성이다. 일이 그 지경에 이르면 그제야 후회하기도 하고, 체면을 크게 구기지 않는 선에서 해결할 수 있는 방법을 찾느라 고민하기도 한다.

사람의 시비는 그 알량한 '나'나 '내것'을 내세우는 무명에서 비롯되는 것이 보통이다. 그러나 무명에 가린 범부凡夫의 입장에서는 자기도 모르는 사이에 가시돋친 말을 하거나 잘못을 저지르는 경우가 많다. 문제는 허물을 범했으면 곧 그 잘못을 뉘우치고 다시는 그런 잘못을 반복하지 않도록 스스로 다짐하는 일이다. 잘못을 저지르고도 그 잘못을 알지 못하거나 알고도 뉘우치지 않는다면 바로 그것이 더 나쁜 것이다. 그런데도 사람들은 뉘우침에 인색한 것이 사실이고, 그것이 바로 범부된 소이所以라고 할 수 있다.

부처님께서는 잡아함의 붕가사경崩伽闍經에서 카샤파에게 이르시기를 "너는 지금 스스로 뉘우칠 줄을 알고, 스스로 뉘우침을 보았으니, 미래 세상에서는 율의계律儀戒가 생길 것이다. 나는 이제 너를 가엾이 여겨 이 율의계를 준다. 카샤파여! 그와 같이 뉘우치면 착한 법은 왕성하여 마침내 물러나거나 줄어들지 않을 것이다. 왜냐하면 만일 스스로 허물을 알고 허물을 보아 그 허물을 뉘우치면 미래 세상에서는 율의계가 생기고 착한 법은 더욱 자라 물러나거나 줄어들지 않기 때문이다."라고 말씀하셨다. 우리는 근원적으로 잘못을 저지르지 않아야 하지만, 본의本意 아니게 잘못을 저지른 때에는 곧 뉘우치고 그 잘못을 참회할 줄 알아야 한다는 가르침이다.

욕심을 줄이고 만족할 줄 알자

근년에 들어 경쟁사회니, 경쟁력 제고提高라는 말이 부쩍 늘었다. 국내에서는 물론 국제적으로도 경쟁에 지면 뒤에 처지고 그것은 곧 파멸을 가져오는 것처럼 호들갑을 떨어댄다. 그러다 보니, 모든 일에 "더 빨리"와 "더 많이"가 지배하게 되고, 사람들은 결과를 장담할 수 없고 끝도 안 보이는 경쟁에 이기기 위해서 아침부터 저녁까지 동분서주東奔西走하면서 고민 속을 헤매야 한다. 경쟁은 모든 곳에서 판을 친다. 기업경영이 그렇고, 교육이나 학문이 그러하며, 심지어 일상생활까지 경쟁속의 나날이 계속된다. 경쟁은 이겨야 한다는 논리가 지배하고, 지면 끝장이라는 강박관념強迫觀念 때문에 이기기 위해서는 수단과 체면을 가리지 않는다.

무엇 때문에 하는 경쟁인가? 사람은 누구나 행복하게 잘살기를 원하며, 그 목적을 위해서 경쟁도 하는 것 아닌가? 그러나 행복은 지난 과거도 아니고 아직 오지 않은 먼 미래도 아닌 바로 현재 이 순간에 필요한 것이다. 현재 이 순간순간이 행복해야 한다. 그런데 사람들은 이겨서 행복해지기 위해서 치열한 경쟁의 스트레스stress 속에서 헤매고 있는 것이다. 그러나 막상 이긴다 해도 이겨서 얻는 성취감成就感은 한 순간이고, 바로 그 순간부터 승자勝者의 지위를 지키기 위해서 다시 뛰기 시작해야 한다.

경쟁은 누가 시켜서 하는 것이 아니고, 자기 스스로의 욕심이 불러온 것이다. 욕심이 크면 클수록 경쟁도 치열하고, 그만큼 결과도 장담할 수 없다. 그런데 무지한 사람들은 남보다 더 갖고, 남보다 더 나은 지위에 오르고, 남보다 더 잘 살려는 욕심에 사로잡혀 매일 매일을 욕심의 정글jungle 속에서 헤매고 있으니, 스스로 행복을 멀리하고 있는 셈이다. 증일아함의 목우품牧牛品에서 부처님은 밧다리 비구에게 "항상 욕심이 적어 만족할 줄 알기를 생각하고, 탐욕과 온갖 잡된 생각을 일으키지 말라"고 강조하셨고, 또 잡아함의 제바경提婆經에서도 "비록 이익이 있더라도 거기에 물들어 집착하지 말라. 사람은 탐함으로 스스로 망한다"라고 경고하셨다. 우리는 욕심을 줄이고 만족할 줄 알아야 한다少欲知足는 부처님의 가르침을 가슴에 새겨 생활화할 일이다.

어울려 살아야 행복해진다

벌써 아침 저녁으로 제법 서늘함을 느끼게 한다. 지루하던 여름이 꼬리를 내리고 이제 가을로 접어든 것을 알리는 자연의 신호이다. 어둠이 무르익으면 여명黎明이 가깝고, 겨울의 혹독한 추위가 포근한 봄을 잉태孕胎하는 것처럼, 자연의 순환법칙에는 어김이 없다. 인간을 비롯한 모든 생명과 삼라만상은 정교한 톱니바퀴처럼 한 치의 어긋남도 없이 서로 의존관계依存關係를 유지하면서 하루하루를 보내고 있다. 이러한 우주의 법칙은 일찍이 부처님께서 밝히신 것처럼 누가 만든 것이 아니라 이 우주에 항상 그대로 존재하고 있는法界常住 것이라니 참으로 오묘불가사의奧妙不可思議한 일이 아닐 수 없다. 화엄세계華嚴世界란 바로 이런 우주의 법칙이 무리 없이 잘 조화되어 돌아가는 세계인 것이다.

그런데도 무명에 가린 인간들은 만물의 영장임을 자처하면서 밑도 끝도 없는 탐욕에 자극되어 개발이라는 미명 아래 무턱대고 자연을 훼손하고 산업화를 서둘다 보니, 어느 정도 경제적인 풍요를 누리게 된 것은 사실이지만, 그에 못지않은 혹독한 부산물副産物이 우리 앞에 흉한 모습을 드러내게 된 것을 이제야 알게 되었다. 지구 온난화로 인한 기상변화, 환경오염, 오존층 파괴로 인한 과다한 자외선, 지하수계의 오염과 고갈 등 이루 헤아릴 수 없이 많은 환경문제가 생물의 생존을 위협할 수준에 근접하게 된 것이다. 이것은 인간만의 문제가 아니라 지구에 존재하는 생물 모두의 생존을 위협하는 심각하기 짝이 없는 일이다. 무지한 인간들의 '자연은 정복할 수 있는 것'이라는 오만한 생각과 절제되지 않은 행동이 하나뿐인 지구the only Earth를 이 지경으로 만들어가고 있는 것이다.

땅, 물, 공기, 빛과 여러 식물 및 동물들이 각각 제 자리에서 제 구실을 하면서 서로 잘 어울림으로써 비로소 행복한 삶을 기대할 수 있는 것이지, 천만금을 쌓아 놓는다 해도 사람만으로는, 사람의 힘만으로는 하루도 살아갈 수 없다. 부처님께서는 잡아함의 연기법경緣起法經에서 "이것이 있기 때문에 저것이 있고, 이것이 일어나기 때문에 저것이 일어난다"라고 연기법을 말씀하시어 세상 만물의 상호의존관계를 극명克明하게 밝히셨다. 우리는 부처님께서 밝히신 연기법을 가슴에 새겨 서로 잘 어울려 모두 행복하게 살도록 정진해야 할 일이다.

기도에 앞서 삼행三行을 바르게 하자

대학입시의 계절이 닥아와서인지 사찰 앞에는 입시기도입재를 알리는 플래카드가 눈길을 끌고, 법당에도 학부모 연배의 보살들이 정성어린 기도를 올리는 모습이 많이 눈에 띈다. 그러고 보면, 사찰마다 무슨 기도니 무슨 재齋니 하여 연중의 행사가 꽤 바쁘게 돌아가는 것을 볼 수 있다. 사람이란 강한 듯 하면서도 실은 정신적으로 매우 약한 존재이어서, 자기에게 특히 소중한 일이나 어려운 일을 당한 때에는 무엇인가에 매달리고 그 도움을 받으려는 심정이 되는 것이 보통이다. 종교가 존재할 수 있는 바탕의 하나도 그런 데에 있는 것이 아닌가 싶다.

청정하고 정성스럽게 기도를 올리는 자체를 탓할 것은 못된다. 당자當者가 입시공부 등 당면한 일에 열성을 다하는 한편, 부모나 가족이 부처님께 골똘하게 기도를 올리면서 신불의 감응感應을 기대하는 것이 전혀 무의미하지는 않을 것이다. 문제는 지나

치게 기도나 미신에 의지하려는 데에 있다. 본인이 열심히 공부하고 선행善行을 쌓아야지, 기도가 목적을 달성시켜 주는 것은 결코 아니라는 것이다. 특히 불교는 유일신唯一神의 구원을 믿는 종교와는 달리, 부처님께서 몸소 깨쳐 가르친 바를 스스로 행하는 실천의 종교이자, 미신을 멀리하는 종교임을 유의해야 한다.

중아함의 가미니경伽彌尼經에서 부처님께서는 "저 남녀들은 게을러 정진하지 않고, 악한 법을 행하며, 열 가지 착하지 않은 업도, 즉 살생하고, 주지 않는 것을 취하며, 사음을 행하고, 거짓말을 하며, 내지 삿된 소견을 성취하였는데, 만일 여러 사람이 각각 합장하고 그들을 향하여 칭찬하고 축원하였다고 하여 그것을 인연으로 하여 몸이 무너지고 목숨이 끝나 좋은 곳에 가고, 천상에 날 수 있다는 것은 그럴 수 없는 것이다"라고 분명하게 말씀하셨다. 우리는 부처님의 말씀을 거울삼아 기도에 앞서 모름지기 신구의身口意 삼행三行을 바르게 하고, 당면한 일에 열성을 다하여 정진함으로써 좋은 인연공덕을 쌓을 일이다.

교만을 버리자

이 시대를 경쟁시대니 PR시대라고 부르는 사람이 많다. 그런 탓도 있겠지만 누구나가 자기를 드러내고 자기의 능력이나 지위를 과시하는 경향이 많다. 하기야 사람은 제 잘난 맛에 산다고도 하지만, 실체도 알 수 없는 그 알량한 '나'라는 것에 취해서 스스로를 과시誇示하고 상대적으로 남을 업신여기는 예가 많다 보니, 이제 부끄럼도 잊은 채 드러내 놓고 자기 자랑에 열을 올리는 경우를 흔히 볼 수 있다. '나'라는 것을 드러내고 높이려면 자연히 '너'를 깎아내리고 업신여기는 태도가 따르기 마련이고, 그러다 보면 그 '나'와 '너' 사이에 갈등이 생기고 불화를 불러오는 것은 당연한 귀결이다.

원래 '나'라는 것은 그 자체로서의 고유한 실체가 있는 것이 아니다. 이쪽에서 볼 때 '나'요, 상대는 곧 '너'가 되는 것이지만, 저쪽에서 보면 그쪽이 '나'요, 이쪽은 바로 '너'인 것이다. 그러니 내가 곧 너요 네가 곧 나인 셈이다. 이러한 상대적인 관계를 외면外面한 채, '나'는 언제나 '나'요, '나'라는 움직일 수 없고 영원한 실체가 있는 것처럼 망상을 일으킴으로써 그 '나'에 집착하여 스스로 잘난 체 하는 교만을 떠나지 못하고, 번뇌의 업業을 키우고 있는 것이다. 육번뇌六煩惱 속에 탐진치貪瞋癡 삼독三毒과 의疑, 악견惡見에 더하여 만慢이 드는 이유도 여기에 있다.

중아함의 분별육계경分別六界經 제1에서 부처님께서는 '나'라는 것 자체가 스스로 자랑하는 것임을 분명히 하셨고, 금강경에서는 아상我相을 버릴 것을 거듭거듭 강조하셨으며, 잡아함의 부린니경富隣尼經에서는 "중생들은 '나'라는 교만과 삿된 교만이 있어 그 교만에 휘말려 삿된 교만은 삿된 교만을 낳아 바른 지혜를 가린다. … 일체 중생들이 그 모든 삿된 교만들을 남김없이 아주 없애면 그들은 영원히 편안하고 즐거울 것이니라"라고 말씀하셨음을 가슴에 새겨 어김이 없도록 할 일이다.

오직 이 순간이 있을 뿐이다

　연초年初에 제법 두둑해 보이던 달력이 어느덧 마지막 한 장이 남았다. 새 해를 맞으면 누구나 할 것 없이 나름대로의 계획도 세우고, 금년은 지난해와 같은 허전한 한 해가 되지 않도록 노력하겠노라고 다짐하면서 기대에 부푸는 것이 보통이다. 그러나 막상 한 해가 저무는 마지막 달에 접어들고 보면 연초의 다짐은 하나의 연중행사에 그치고, 이렇다 하고 내세울 만한 일도 없이 한 해의 막을 내리는 것이 예사例事이다. 그러면서 사람들은 "웬 시간이 그처럼 빠르게 가는지!"라고 시간타령을 빼놓지 않는다.

　시간은 그 자체로서의 존재가 따로 있는 것이 아니라, 다른 것과 관계지워질 때에 비로소 의미가 있는 것이다. 곧 사물事物이나 움직임 등이 있을 때에 그들 사이의 흐름의 간격을 나타내 주는 것이 시간일 뿐이다. 그런데도 불구하고 사람들은 자기 탓은 뒤로 돌려놓고 가만히 있는 시간만 탓하면서, 흘러간 과거에 매달린다.

　잡아함의 과거무상경過去無常經에서 부처님께서는 "과거와 미래의 물질도 무상하거늘 하물며 현재의 물질이겠느냐. 거룩한 제자로서 이렇게 관찰하는 자는 과거의 물질을 돌아보지 않고, 미래의 물질을 즐겨하지 않으며, 현재의 물질을 싫어하고 욕심을 떠나 바른 방향으로 멸하여 다하느니라."라고 말씀하시어, 이미 지난 과거에 집착하거나 아직 오지도 않은 미래에의 망상에 매달리지 말 것을 강조하셨다. 우리가 현재라고 생각하는 순간 그것은 벌써 과거로 흘러가고 마는 것이니, 있는 것은 오직 이 순간뿐이며 이 순간도 그것을 느끼는 순간 지나가고 영영 다시 돌아오지 않는다. 다시 못 올 이 순간을 소중히 여겨 알차고 값있게 채워나가야 하지 않겠는가!

남을 돕는 것이 곧 나를 돕는 일이다

매스콤의 보도에 의하면 경제의 흐름이 좋지 않은 탓인지 예년例年 이맘때와는 달리 금년 세모歲暮에는 어려운 이웃에 대한 온정의 손길이 한산하다고 한다. 경제상황이 어려워지면 누구나가 정도의 차이는 있더라도 씀씀이를 줄이고 허리띠를 졸라매는 것이 보통이다. 설날이라고 가족들이 모여 웃음꽃을 피우고, 집안 어른들을 찾아 새해의 인사를 올리는 것과는 달리, 우리 둘레에는 씀씀이를 줄일래야 줄일 여유조차 없는 어려운 이웃이 많이 있음을 기억할 필요가 있다.

쓰고 남은 것을 남에게 나누어 주는 것은 참된 보시가 아니다. 사실 우리 속인俗人의 경우에 쓰고 남는다는 것은 생각하기 어려운 일이다. 사람들은 가지면 더 가지려 하고, 욕심이 욕심을 불러 끝을 알 수 없는 것이 보통이며, 그래서 사람들은 마음이 편할 날이 없다. 자기가 쓸 것을 덜 쓰고 아껴서 남을 돕는 것이 참된 보시布施이고, 그러한 보시야말로 스스로의 마음에 충만함을 가져오게 한다.

기원정사로 부처님을 찾아온 프라세나짓왕波斯匿王에게 부처님께서는 이르시기를 "착한 남자는 많은 재물을 얻으면 즐거이 스스로 쓰고, 부모를 공양하고 처자와 친지와 권속을 돌보며, 종들을 가엾이 여겨 돕고 여러 벗들에게 보시하오. 때때로 사문이나 바라문에게 공양하여 훌륭한 복밭을 만들고, 훌륭한 곳으로 향하여 미래에는 천상에 나오. 그는 많은 재물을 얻어 널리 씀으로써 몇 배나 큰 이익을 거두오."라고 보시의 공덕을 말씀하신 것을 잡아함의 간경慳經은 전한다. 어디 그 뿐인가! 육바라밀이나 사섭사四攝事의 맨 처음에 보시가 위치한 것이라든가, 금강경에서 무주상보시無住相布施의 복덕을 찬탄한 것은 모두 보시의 중요성을 일깨우는 대목이다. 우리는 모름지기 욕심을 줄이고 족足한 줄을 알아, 조금씩이라도 아껴 어려운 이웃을 돌보는 즐거움을 쌓아가야 할 일이다.

세월이 가는가, 내가 가는가

동지가 지나고 나니 2008년이라는 이름으로 불리는 해도 앞으로 열흘이 채 안 남았다. 다른 해 같으면 망년회를 하느니 송년 해넘이와 새해 해돋이를 보느니 하며 제법 야단법석을 떨 만도 한데, 경제불황 탓인지 올해의 연말은 비교적 조용한 것 같다. 하기야 망년회를 하지 않아도 어차피 2008년의 달력은 다하는 것이고, 해넘이니 해돋이를 보지 않아도 매한가지 해가 매일 우리 머리 위에 뜰 것이니 크게 아쉬울 것도 없다.

오늘도 가까운 외척이 일부러 전화를 걸어와 벌써 한해가 다 간다고 푸념 섞인 아쉬움을 말한다. 마치 소중한 것이 간곡한 만류에도 아랑곳 없이 훌쩍 떠나기라도 하는 듯이 안타까워한다. 어디 그 사람만의 일인가? 요새 만나는 사람이 있으면 으레 벌써 한 해가 다 갔다는 말을 마치 인사말 하듯 한다. 그러나 생각해 보면 과연 세월이 가는 것인지? 가면 어디로 어떻게 갔다는 이야기인지? 선뜻 종잡을 수 없는 말이다. 사실 세월은 오지도 않고 가지도 않는다. 다만 그 속에서 살고 있는 사람들이 그렇게 보고 말하고 있을 뿐이다. 사실 알고 보면 한 순간도 쉬지 않고 변하며 가고 있는 것은 사람들이다. 사람은 매 순간 헤아릴 수 없이 많은 수의 세포가 죽고 또 새로 생겨나는 과정을 거듭하면서 살아가고 있는 것이고, 그 하루하루의 삶은 결국 죽음을 향하여 한발 한발 다가가고 있는 과정이라고 할 수 있다. 그러니 정작 가는 것은 사람 스스로인 것이지 세월이 아니다. 마치 빠른 속도로 달리는 기차를 타고 있으면 자기는 가만히 있는데 주변 풍광이 지나가는 것 같은 느낌을 주는 것과 같은 이치이다.

사람은 참으로 편리하고도 자기중심적인 존재인 것 같다. 해가 뜨면 일어나고 해가 지면 잠자리에 들던 사람들이 하루를 시간으로 나누고, 30일을 한 달로, 12달을 1년으로 정하여 그에 맞추어 생활을 계속하다 보니, 어느덧 그것이 관념화되어 한 치의 의심도 없이 으레 그런 것으로 치고 지내는 것이다. 그러나 하루의 시간만 보아도 2000여 년 전까지는 한 시간이 오늘날의 네 시간 길이에 해당하여 하루가 여섯 시간으로 이루어졌었지만, 그 후 한 시간이 오늘의 두 시간으로 되어 하루가 12시간 12지지가 되었고, 인간의 생활속도가 빨라짐에 따라 다시 오늘날의 시간으로 단축되어 하루는 24시간이라는 관념이 확립된 것이니, 시간처럼 편리한 것도 없는 것 같다. 한편 달月이나 해年의 구획이 없고 따라서 그것을 표시하는 달력도 없다고 치면, 올 해도 없고 갈 해도 없이 같은 하루하루의 반복에 그칠 것이니 얼마나 지루한 삶이 될 것인가. 그렇게 보면, 빠르던 늦던 떼어낼 달력이 있고 보낼 해와 맞이할 해가 있으니 좋다.

다만, 그 알량하고 실체도 알 수 없는 '나'라는 것에 대한 집착만 내려놓으면 된다. 사람들은 자기 스스로도 잘 알지 못하는 '나'라는 것을 내세우고, 모든 것을 자기중심적自己中心的으로 보고 또 판단한다. 그렇다 보니, 언제나 그 '나'라는 것을 중심에 두고 다른 모든 사람은 '나'에 대한 '너'로 치며, '나'는 부동不動이고 '너'가 움직이는 것이 된다. 세월이 간다는 것도 마찬가지 논리이다. '나'는 가만히 있는 것이니, 가는 것은 세월일 수밖에 없다. '나'에 대한 집착 때문에 그 '나'의 부실不實의 핑계를 세월이 빨리 감에서 찾는 셈이다. 부처님께서는 잡아함의 아난사리불경阿難舍利佛經에서 "어떤 중생이 이 의식이 있는 몸과 바깥 경계의 일체 현상에 대하여 '나'와 '내것'이란 소견과 '나'라는 교만과 집착하는 번뇌가 없어 마음이 해탈하고 지혜가 해탈하여 현재에서 증득한 줄을 스스로 알아 원만히 머무르면 그는 이 의식 있는 몸과 바깥 경계의 일체 현상에 대하여 '나'와 '내것'이란 소견과 '나'라는 교만과 집착하는 번뇌가 없기 때문에 그는 마음이 해탈하고 지혜가 해탈하여 현재에서 증득한 줄을 스스로 알아 원만히 머무르게 되느니라."라고 말씀하시어 '나'에 대한 집착을 버리도록 이르셨다. 우리는 괜히 가느니 오느니 할 것 없이, 오로지 바른 소견을 갖고 앞만 보고 정진할 일이다. 이 해의 달력이 다 되면 새 달력을 갈아 걸면 되는 것이다. 거기에 2009년이라는 또 한 해가 이미 와 있지 않는가!

실없이 구업口業을 짓지 말자

선거철을 지나면서 귀가 따가울 정도로 모난 말들을 많이 들었다. 정당은 정당대로, 후보자는 후보자대로 절제되지 않은 말로 거침없이 상대방을 비난하다보니, 좋든 싫든 그 소리가 육성으로 또는 매스컴을 타고 우리의 감각기관에 와 닿으니, 그것을 듣는 사람으로서는 눈살을 찌푸리지 않을 수 없고, 결과적으로 이마에 주름이 하나쯤은 더 늘었을 것 같다. 하기야 국회의 의석을 차지하고자 하는 당자當者로서는 수단과 방법을 가릴 마음의 여유가 있을 리 없고, 어떻게 해서라도 당선되고 보자는 생각뿐임을 짐작 못하는 것은 아니다. 그러나 어제까지만 해도 정당을 함께 하던 동지나 국회에서 어깨를 나란히 하던 동료 또는 개인적으로 서로 흉허물 없이 지내던 친구가 의석 하나를 놓고 다투다 보니, 태도를 표변하여 언제 알았느냐는 듯이 얼굴을 붉히고 막말을 퍼부으면서 상대방을 헐뜯는 꼴을 보고 있노라면 안타깝다 못하여 측은한 생각마저 든다. 그들이 선거가 끝난 뒤에 무슨 낯으로 서로를 대하게 될지 궁금하다.

어디 그뿐인가? 근년에 들어 두드러진 현상 가운데 하나로 말이 일반적으로 격해지고 다듬어지지 않은 말이 많아졌다는 점을 들 수 있다. 이른바 정치지도자라는 사람으로부터 청소년에 이르기까지 별 생각 없이 말을 쏟아내는 것 같다. 그러자니 사람들 사이는 물론, 사회가 전체적으로 삭막한 느낌을 주고, 마음의 여유가 덜한 것 같다. 무릇 시비是非는 말에서 비롯되는 것이 보통이다. 말을 하는 사람으로서는 별 생각 없이 한 말이라도 상대방은 자기를 깎아내리거나 좋지 않게 들리는 말을 들으면 기분이 상하고 반사적으로 그에 대응하는 말을 하기 쉽다. 서로가 자기의 입장만 생각하고 상대방을 배려하지 않다 보니 서로의 말이 부딪치고 시비로 발전할 것은 뻔한 일이다. 그렇기 때문에, 부처님께서는 말을 삼가하고 바르게 하도록 여러 모로 강조하신 것이며, 말에 관한 가르침이 많은 것도 그 탓이라고 하겠다. 곧 오계五戒 가운데 하나가 거짓말妄語하지 말 것이고, 팔정도八正道의 하나가 바른 말正語이며, 삼업三業 가운데 하나가 입으로 짓는 것을 가리키는 구업口業이니, 이를 통해 보더라도 말이 얼마나 중요한 것인지를 알고도 남음이 있다. 우리의 마음은 말을 통해서 밖으로 표현되고, 그 말은 몸을 통한 행동으로 이어지는 것이 보통이다. 그러니, 마음과 행동의 중간에 있는 것이 곧 말인 셈이어서, 말이 차지하는 현실적 중요성은 매우 큰 것임을 유념留念할 필요가 있다. 예로부터 전해 오는 말 가운데, 순하고 절제된 말이 성하면 세간이 화평하나, 격하고 원색적인 말이 흥하면 민심이 흉흉해진다는 말의 뜻을 이해할 수 있을 것 같다.

부처님께서는 잡아함의 자념경自念經에서 프라세나짓왕波斯匿王의 물음에 답하여 말씀하시기를 "만일, 몸의 악행을 행하고 입과 뜻의 악행을 행하면 그것은 자기를 생각하지 않는 것이오. 그는 스스로 자기를 생각한다고 말하더라도 실은 자기를 생각하지 않는 것이오."라고 분명히 말씀하시어, 몸이나 입이나 뜻으로 악행惡行을 행하는 것은 자기 스스로는 자기를 위하여 한 짓이라고 생각하더라도 실은 자기를 헐어내는 결과가 된다는 것을 분명히 하셨다. 힘들여 얻은 명예나 재물은 머지 않아 반드시 사라지는 것이지만, 무심코 한 말로 인한 업業은 쉽사리 지워지지 않는다는 것을 명심할 필요가 있다. 우리는 허망한 오욕五慾을 챙기기 위하여 결국 자기를 파멸로 이끌 구업口業을 짓지 않도록 밤낮으로 바르게 처신해야 하겠다.

검음이 있어 흰 빛이 눈에 보인다

2009년이라는 해가 밝은지도 벌써 일주일이 지나고, 엊그제로 소한小寒까지 보내고 나니 이번 겨울도 이제 막바지에 접어든 것 같다. 새해가 밝으면 으레 개인으로서는 나름대로 새해의 꿈을 키우고, 회사나 단체는 새해에 펼칠 사업의 계획을 세우며, 나라는 나라대로 그 해의 시정방향을 확립하여 이제 막 문을 연 새해를 알차고 보람 있게 보내려는 생각을 다지게 된다. 그 뿐만 아니라, 새해 들어 처음 만나는 사람들은 서로의 인사로 덕담德談을 잊지 않음으로써 서로가 화합하고 서로를 배려하는 마음을 전하는 것이 예사이다. 인심이 더도 말고 덜도 말고 늘 이만만 하면 좋을 성 싶다. 특히 금년은 동양에서 말하는 기축년己丑年이어서 이른바 '소'의 해이다 보니, 세계적으로 경제불황에 허덕이고 있는 처지에서 금년 한해가 '소'처럼 중후하면서도 알찬 한해가 되었으면 한다. "소처럼 벌어 쥐같이 먹어라"는 속담도 있지 않은가! 특히 소는 십우도十牛圖에서도 볼 수 있는 것처럼, 생각대로 되지 않는 사람의 마음을 비유하여 범부의 마음닦이를 설명하는 데 자주 묘사되는 존재라는 점에서도 의미가 크다.

아무튼 금년 겨울은 유난히 춥게 느껴지고 지루한 것 같다. 즐겁고 활기가 넘치는 때에는 시간이 더 빨리 가는 것 같고 추위도 오히려 낭만적으로 느껴지는 것과는 달리, 경제가 어렵고 살기가 고달프면 추위도 더 심하게 느껴지고 겨울도 더디게 가는 것 같이 느껴지는 것이 예사이다. 그러나 이는 모두 마음에서 우러나는 일이고, 만사는 마음먹기에 달렸다. 어둠은 밝음의 서곡序曲이요, 빛은 어둠 속에서 더욱 빛나는 것이다. 겨울이 막바지에 이르렀다는 것은 만물이 소생하는 봄이 멀지 않다는 소식이다. 파릇파릇 돋아나는 새싹과 얼어붙은 눈 사이를 헤집고 피어나는 화사한 복수초福壽草 꽃을 볼 수 있는 것도 어쩌면 겨울의 모진 설한풍雪寒風을 이겨낸 소중한 대가인지도 모른다. 인류의 역사나 우리 주변을 살펴보면 모든 것은 대치對峙 속에서 관계가 이루어지고 조화가 유지되는 순환의 과정임을 알 수 있다. 어느 한때를 가만히 있지 않고 늘 변하고 돌아가는 것이 이 세상일이고 우주의 섭리이다. 경제현상이라고 해서 예외가 될 수는 없다. 그러니 절대적인 것도 없고 독자적인 것도 없으며, 정체적停滯的인 것도 없는 것이다. 그런데도 무명에 가린 사람들이 단편적인 현상에 매달려 일희일비一喜一悲를 거듭하고 있을 뿐이다.

원래 현상이라는 것은 우리가 그렇게 느끼는 것일 뿐이다. 우리 눈에 그처럼 비치니 거기에 그것이 그렇게 있는 것이다. 스탠

포드의 로페즈Donald Lopez 교수가 밝힌 바와 같이 "세상에 그 자체로 존재하는 진정으로 흰 것은 없으며, 검음이 있기 때문에 흰 것이 눈에 비치는 것이고", 빛깔이라는 것도 사실은 각각 다른 속도로 움직이는 빛의 파장에 불과한 것이다. 경제불황에서 오는 우리의 고통이라는 것도 따지고 보면 우리가 그처럼 느끼기 때문인 것이며, 그 느낌의 정도나 상태는 제각각이다. 결국 그 자체로서 고정되고 절대적인 것은 없으며, 모두가 마음의 산물이다. 그런데 청정한 우리의 본래 마음은 욕망과 질시嫉視와 무명에 가려 온전하게 생각하지 못하고 바로 보지 못하며 스스로 만든 허상虛像에 매어 울고 웃고 하는 것에 불과하다. 부처님께서는 잡아함의 무지경無知經 2에서 비구들에게 이르시기를 "마땅히 마음을 잘 생각하고 관찰하라. 무슨 까닭인가? 긴 밤 동안에 마음은 탐욕에 물든 바 되고, 성냄과 어리석음에 물들어 있기 때문이니라. 비구들이여! 마음이 번민하기 때문에 중생이 번민하고, 마음이 깨끗하기 때문에 중생이 깨끗하니라. 비구들이여! 나는 한 빛깔이면서 여러 가지 무늬의 빛깔 같은 새를 보지 못하였지만, 마음은 그보다 더한 것이다."라고 하시어 요사스런 마음을 다잡아 본래의 청정하고 고요함을 되찾도록 강조하셨다. 오늘에 사는 우리가 마음속에 깊이 새겨 행동에 옮김으로써 스스로 평안한 마음으로 이 한 해를 살아갈 일이다.

본래 '내것'은 없다

이 세상에 '내것'이라고 할 만한 것은 하나도 없다. '나'我라고 내세울 만한 실체도 없는데, 하물며 '내것'我所이 있을 수 있겠는가? 이 세상에 존재하는 모든 것은 그것이 생물이거나 무생물이거나를 가릴 것 없이 어느 것 하나 본래부터 그대로의 실체를 지니고 있는 것은 없다. 만물은 인연이 닿아 여러 인자因子가 모여서 된 일시적인 현상일 뿐이다. 화엄경의 십인품十忍品에서 볼 수 있는 바와 같이 "모든 법을 살펴 보건대 모두 인연에 따라 일어난 것이다"觀察一切法 悉從因緣起. 바로 불가佛家에서 이야기하는 제법무아諸法無我이다. 사람들은 무지의 소치로 자기를 포함해서 우리 눈앞에 보이는 것들이 모두 그 꼴로 존재하는 실상實相으로 여기며, 그것을 당연한 것으로 전제하고 매일의 생활을 이어가고 있다. 그러나 사실은 사람이 태어나서 자라고 생활을 이어가면서 습득한 경험과 알음알이를 바탕으로 짜 모은 관념에 터 잡은 것에 불과한 것이지, 본래부터 그러한 실체는 하나도 없다. 그러니 우리는 진실은 뒤로한 채, 겉으로 나타난 일시적인 모습에 집착하여 '네것', '내것'을 가리고, 눈만 뜨면 '내것'을 추구하여 쉴 새 없이 동분서주東奔西走하고 있으니 우스운 일이 아닐 수 없다. 그러다가 인연이 다하면 올 때와 마찬가지로 빈손으로 이 세상을 떠난다. 이 세상을 떠나면서 무엇인가를 가지고 갔다는 예는 역사상 찾아보지 못했다. 이것은 사람의 경우뿐만 아니라, 모든 경우에 거역할 수 없는 공통된 현상이다.

시비是非는 탐욕에 눈먼 사람들이 무턱대고 '내것'에 집착하는 바람에 일어나는 것이 보통이다. 그러나 남의 손 안에 든 것이 아무리 욕심이 난다고 해도 무턱대고 '내것'이라고 해서 쉽게 통할 일이 아니라는 것은 뻔한 노릇이다. 그런데도 그 뻔한 일을 모른척하고 저지르는 것이 바로 사람의 무명無明 탓이고, 억지가 제대로 통하지 않으니 고뇌苦惱에 싸일 수밖에 없어 화를 내고 상대를 욕하게 된다. 이것이야말로 전형적인 탐진치貪瞋癡 삼독의 표현이다.

탐욕과 집착을 버리면 마음이 스스로 편안해지고 이웃끼리 화평해 진다. 잡아함의 경법경經法經에서 부처님께서는 "눈으로 물질을 보고 물질을 깨달아 알면서 물질에 탐욕을 일으키지 않고 '나는 전에는 눈의 의식이 물질에 탐욕이 있었지만 지금은 눈의 의식이 물질에 대하여 탐욕이 없다'고 말한다면 그는 참다이 아는 사람이니라."라고 말씀하시어, 물질을 보되 그에 탐착하지 말도록 이르셨다. 물질에 본래 '내것' '네것'이 있는 것이 아니니 부당하게 욕심내고 탐착할 일이 아니다. 탐착심貪着心만 버리면 그만큼 마음이 풍요로워진다. 마치 기구氣球가 하늘 높이 떠오르려면 그 기구에 매달린 모래주머니를 모두 버려야 하듯이…

물건을 아끼되, 탐착하지 말자

새 정부의 출범과 더불어 정부기구개편으로 일부 부처의 통폐합이 이루어졌고, 그에 따라 폐합廢合되는 부처에서는 아직 쓸만한 새 집기류什器類를 폐품으로 처리했는가 하면, 그대로 존속한 부처에서도 새로 부임하는 장관들이 멀쩡한 책걸상이나 집기들을 새 것으로 바꾸느라 산지 얼마 안 되는 것들을 폐기처분하였다는 보도가 있다. 새 정부에서 단행한 정부기구개편은 작은 정부와 능률적인 행정을 표방한 대선大選 공약의 실천으로 이루어진 것으로서, 행정의 낭비를 막고 경비절감을 도모하려는 데에 첫째 목적이 있다는 것은 두 말할 나위가 없다. 그러한 좋은 뜻에서 이루어진 정부기구개편이 일부 공무원들의 방만한 살림살이로 말미암아 멀쩡한 책걸상 등을 폐기하고 새로운 것을 들여놓는 어처구니없는 작태作態를 보였다니 한심스럽기 짝이 없다. 자기 집의 살림이고 자기 호주머니에서 돈을 내는 경우에도 그와 같은 일을 할 수 있을 것인가? 하기야 공무원들의 낭비벽은 어제 오늘의 일이 아니라 오랜 구태로서, 정부기구개편 때가 아니더라도 흔히 볼 수 있는 일이다. 특히 연말이면 집행하고 남은 예산을 모두 긁어 쓰기 위해서 당장 필요 없는 물건을 구입하거나 새것으로 바꾸는 사례가 하나 둘이 아니니 구태여 이번의 일만을 들어 탓한들 무슨 의미가 있겠는가?

원래, 공무원이란 종전의 관료주의 아래에서의 관리官吏를 민주주의 관념에 맞도록 바꾸어 부른 이름이다. 관료주의 아래에서의 관리는 민의民意나 국민의 처지는 뒤로하고 오로지 지배자의 뜻에 따라 행정의 능률만을 추구하면 되는 것이지만, 민주국가에서의 공무원은 문자 그대로 국가의 이익과 국민의 복지향상을 위하여 공무에 종사하는 사람이므로, 공무원은 국민의 뜻과 처지를 존중하고, 되도록 국민의 부담을 줄이도록 최선을 다해야 함은 당연한 일이다. 그러므로 공무원이 자기가 속한 기관의 살림살이를 도모하는 데 있어서는 자기 집의 살림과 꼭 같은 관념으로 임해야 한다. 행정기관에서 공무원들이 사들이는 집기의 값이나 공무원들의 여비는 모두 예산豫算에서 지변支辨되는 것이고, 예산은 국민의 세금으로 충당된다는 것은 누구나 아는 일이다. 세금은 바로 납세자인 국민이 싫든 좋든 각자의 호주머니에서 지출한 소중한 돈이다. 납세자의 입장에서 보면 세금은 자기가 고생해서 마련하고, 쓸 데 쓰지 않고 아낀 생돈을 국가를 위해서 납부한 것이니, 세금이야말로 무서운 돈이고, 아무리 절약해도 지나침이 없는 일이라 하겠다.

멀쩡한 책걸상 등의 집기를 폐기하고 새 것으로 바꾸는 것은 첫째로 새롭고 좋은 물건에 대한 집착에서 오는 물욕物慾을 나타내는 것이어서 나쁘고, 둘째로 물건을 소홀히 취급하는 잘못을 범하며, 셋째로 국민의 부담을 가중시키는 허물이 된다는 점에서 크게 경계해야 할 일이 아닐 수 없다.

부처님께서는 잡아함의 경법경經法經에서 비구들에게 이르시기를 "어떤 비구는 사랑할 만하다 하여 즐겨하고 사랑하며 마음에 드는 대로 욕심을 기르고 자라게 하는 물건에 대하여 그것을 보고도 기뻐하고 즐겨하지 않으며, 찬탄하지 않고 매이거나 집착하여 머무르지 않는다. 기뻐하고 즐겨하지 않으며 찬탄하지 않고 매이거나 집착하여 머무르지 않은 뒤에는 기뻐하지 않는다. 기뻐하지 않기 때문에 깊이 즐겨하지 않고, 깊이 즐겨하지 않기 때문에 탐하여 사랑하지 않고, 탐하여 사랑하지 않기 때문에 막히거나 걸리지 않는다. 기뻐하거나 깊이 즐겨하거나 탐하여 사랑하거나 막히거나 걸리지 않으면 이것을 일일주——住라 하나니 귀, 코, 혀, 몸, 뜻에 있어서도 또한 그와 같으니라."라고 하시어 물건에 집착하지 말도록 강조하셨다. 물질주의가 팽배한 오늘에 사는 우리에게 더할 수 없는 가르침이라 하겠다. 특히 국민으로부터 나라 살림을 위탁받은 공무원들은 모름지기 나라 살림을 내 살림으로, 국비를 내 돈으로, 세금을 자기의 피땀으로 생각하여 한 치의 어긋남도 없도록 노력해야 할 일이다.

무명無明을 벗어나 마음을 열어야

얼마 전 일간신문에 어처구니없는 일이 보도된 일이 있다. 지난 6월 12일 오전, 강원도 태백시장이 태백산 정상의 천제단天祭壇에서 천제단의 훼손을 막지 못한 데 대한 용서를 비는 고유제告諭祭를 올렸다는 것이다. 태백산 정상의 천제단은 신라시대부터 하늘과 단군성조께 민족의 번영과 안녕을 기원하는 제를 오려온 곳으로, 국가지정 중요민속자료 제228호이다. 그러한 오랜 역사와 민속적 의미를 간직하고 있는 천제단의 일부가 5월 27일 특정 종교의 신도들에 의해서 훼손되었다는 것이다. 뒤늦게 이 사실을 안 관할시장으로서 유구한 역사를 간직한 문화유산을 제대로 지켜내지 못한 죄스러운 심정을 하늘에 고하고 앞으로 이러한 일이 다시 일어나지 않도록 최선을 다할 것임을 다짐하는 고유제를 마련했다는 것이다. 참으로 웃을 수 없는 일이다. 하기야 과거에도 비슷한 일이 심심치 않게 벌어진 것을 우리는 기억한다. 학교 교정에 안치된 단군상檀君像이 훼손된다거나, 동국대학 교정에 세워진 불상에 붉은 색 십자를 그려 넣는다거나, 성당의 구내에 세워진 성모 마리아상을 훼손하는 등 상식 밖의 일을 저지른 예가 한 두 차례가 아니었는데, 이제는 멀리 태백산 정상까지 올라가 우리의 소중한 문화유산을 훼손하기에까지 이른 것이다.

어디 그뿐인가? 얼마 전에는 청와대에 근무하는 목사 출신의 한 비서관이라는 사람이 공식 모임의 축사에서 촛불시위와 관련하여 "사탄의 무리들이 이 땅에 판을 치지 못하도록 함께 기도하자."는 말을 해서 말썽이 되자, 그것은 특별한 의미로 한 말이 아니라 교회의 기도에서 흔히 쓰는 말일 뿐이라고 변명하였다는 것이다. 이 모든 것이 무명에 가린 중생의 우치愚癡에서 빚어진 일이라고 할 수 밖에 없다. 원래 종교의 자유는 중세 유럽에서 볼 수 있었던 것과 같은 국교國敎의 인정과 국가권력에 의한 종교의 제한으로부터 벗어나, 인간의 신앙의 자유를 확보하는 인간의 정신해방으로 인정된 것이다. 그러한 종교의 자유는 물론 자기가 원하는 종교를 선택하고 신봉하는 자유를 말하지만, 그 자유는 동시에 국가의 안위와 질서를 유지하고 다른 사람의 신앙과 권익을 존중할 책임을 수반하는 것임은 다시 말할 나위조차 없는 일이다. 그럼에도 불구하고, 자기가 신봉하는 종교 이외의 종교를 폄하하거나, 자기네 교리에 어긋난다고 생각하는 타종교의 시설이나 신앙의 상징물 등을 훼손하는 일은 어떠한 신앙적 의미로도 정당화될 수 없는 행위로서, 신앙을 모독하는 맹신적盲信的 행위이며, 맹신은 결국 미신으로 통할 수 있는 것이다.

생명 있는 것을 무단히 죽이거나, 남의 것을 훔치거나 훼손하며, 사음邪淫을 행하고 남에게 해로운 말을 하는 등은 모든 종교가 다 같이 금하는 일일 뿐만 아니라, 국가의 법에도 저촉되는 죄악에 해당한다. 그럼에도 불구하고, 감히 특정 종교를 빙자하여 천제단이나 단군상 등을 훼손하는 등의 행위를 저지르는 것은 첫째로 자기 종교에 대한 모독이자 자기의 무지를 스스로 폭로하는 것이 됨은 물론, 무단히 남의 물건을 훼손하는 죄가 되며, 남의 종교를 폄하하고 그 종교를 신봉하는 사람들의 마음을 불편하게 하는 잘못을 저지르는 것이 된다. 하기야 이 모든 일이 마음에서 비롯되는 것이니, 마음에서 우러나는 생각이 말로 표현되고 그 말이 곧 행동으로 나타난 것이다. 이처럼 생각과 말과 행동으로 짓는 죄업을 벗어나려면 마음에서 탐진치貪瞋癡 삼독三毒을 털어내기 위하여 매 순간 정진할 뿐이다.

법구경法句經을 보면 "마음은 모든 것의 근본이 되며, 마음이 주인이 되어 마음을 부리나니, 마음 가운데 악한 일을 생각하면 그 말이 곧 행이 되어 허물과 고통이 따르나니, 수레의 자국이 수레바퀴 뒤에 남듯 하니라."라는 부처님의 가르침이 있어 우리를 숙연하게 한다. 우리는 부처님의 가르침을 거울삼아 스스로 마음을 정화하도록 정진하되, 어리석은 소행을 감행한 가엾은 중생을 불쌍히 여겨 기회 있을 때마다 부처님의 자비광명慈悲光明이 그들에게 비출 수 있도록 배려해야겠다.

교만을 털어내야

한참 동안 귀를 따갑게 하던 총선도 드디어 막을 내렸다. "민심이 천심"이라는 말도 있지만, 신묘하기 짝이 없는 선거결과가 나왔다. 인위적人爲的으로 만들기조차 힘들 정도로 묘하고 의미 있는 선거결과를 통해서 모른 척 말없이 있는 매서운 민심을 절감切感할 수 있을 것 같다. 그런데도 정치를 한다는 사람들 가운데에는 아직도 속을 못 차리고 선거결과를 제가끔 아전인수我田引水 격으로 해석하여 이러쿵저러쿵 말이 많고, 특히 힘깨나 쓴다는 사람들이 갖가지 말장난을 하는 예를 적지 않게 볼 수 있다. 원래 정치에 몸을 담는다는 것은 자기의 모든 인격과 능력을 걸고 국가의 이익과 국민의 복지를 위하여 이바지하겠다는 결의의 표현인 것이다. 그렇기 때문에 공직선거 때면 후보자들은 으레 자기가 당선되면 지역발전을 위하여, 선거인의 이익을 위하여 이러이러한 일을 하겠노라고 화려하고 거창한 공약公約을 쏟아내곤 한다. 당선만 되면 모두가 모범적인 정치인으로서 공약의 훌륭한 실천자가 되고, 그야말로 충직한 공복公僕으로서 봉사할 것처럼 보인다. 그러나 선거가 끝나고 당락當落이 결정되고 나면 상황은 크게 달라지는 것이 예사이다. 오죽하면 민주국가에서의 주권자主權者란 선거일에 투표권을 행사할 수 있는 사람을 가리킨다는 말이 있을 정도가 되었겠는가?

새로운 정권이 들어서거나 선거가 끝나고 나면 그 정권의 탄생은 마치 자기의 공으로 이루어진 것처럼 내세우며 오만을 떨거나, 자기가 특히 잘 나서 선거에서의 승자勝者가 된 것처럼 교만해지는 경우가 많다. 선거란 원래 여러 가지 요인이 함께 엉켜 작용하는 것이어서 꼭 어느 한 가지만을 들어 말할 수 없는 것이 사실이고, 따라서 승자라고 해서 반드시 패자보다 인격, 학문, 능력 등이 총체적으로 훌륭하다고 단정할 수는 없는 일이다. 그럼에도 불구하고, 정치를 한다는 분들이 빠지기 쉬운 것이 바로 교만의 늪이다. 교만이란 그 참된 실체조차 알 수 없는 '나'를 내세우고, 그 '나'를 과시誇示하는 마음의 상태를 가리킨다. 따라서 교만은 자연히 '나' 이외의 것, 곧 '남'을 깎아내리고 얕보는 성향이 따르기 마련이고 독단獨斷의 길잡이가 되는 것이 보통이어서 남의 비난의 대상이 되는 것이 예사이나, 본인은 그것을 잘 알지 못하는 데에 문제의 심각성이 있다.

권력을 잡거나 각계의 지도자를 자부하는 사람들은 마땅히 겸손하고 약자를 마음으로부터 보살피는 아량을 보이는 것이 정도임은 다시 말할 나위조차 없는 일이다. 그런데도 닭 벼슬만도 못한 벼슬만 해도 자기가 가장 잘났고, 가장 잘 알며, 가장 훌륭한 능력을 지닌 것처럼 뽐내며, 남을 업신여기는 꼴을 흔히 볼 수 있으니 안타까운 일이 아닐 수 없다. 화무십일홍花無十日紅이요 권불십년權不十年이라는 말이 있듯이, 권세처럼 무상한 것도 찾기 힘들 것이다. 들어온 권력은 반드시 나간다는 것은 철칙이다. 이치가 그러함에도 불구하고, 자기 손에 쥐어진 권력은 생전 자기 것으로 알고 처신하는 예가 많으니 한심스럽기 짝이 없다.

부처님께서는 잡아함의 부린니경富隣尼經에서 푸르나 존자에게 이르시기를 "중생들은 '나'라는 교만과 삿된 교만이 있어 그 교만에 휘말려 삿된 교만은 삿된 교만을 불러 온다. … 일체 중생들이 그 모든 삿된 교만을 남김없이 아주 없애면 그들은 영원히 평안하고 즐거울 것이니라."라고 하시어 교만을 없앨 것을 당부하셨고, 중아함의 분별육계경分別六界經에서도 "'나'란 스스로 자랑하는 것이다. … 이것은 뽐내는 것이고, 이것은 교만이며, 이것은 방일이다. 비구여! 만일 이 일체의 자랑과 뽐냄과 교만과 방일放逸이 없으면 그것을 뜻의 쉼이라 하느니라."라고 말씀하시어 교만의 해독을 거듭 밝히셨다. 우리는 부처님의 가르침을 깊이 새겨 교만의 늪에 빠지지 않도록 항상 마음을 다잡아야 할 일이다.

무상하니 매달리지 말자

구태여 제행무상諸行無常을 들출 것도 없이, 이 세상에 고정固定된 것은 하나도 없다. 작게는 미립자에서 크게는 우주에 이르기까지, 유형적인 재물에서 무형적인 명예에 이르기까지, 경제상황에서 철학적 사고에 이르기까지 그대로 있는 것은 하나도 없다. 이 우주는 궁극적으로 파동wave과 입자particle로 이루어진 것인데, 우리는 어렸을 때 모든 물질은 입자인 원자로 구성된 것이라고 배웠다. 과연 그렇다면, 인간의 육신을 비롯한 모든 것을 구성하는 최하 단위인 원자는 입자라는 고정된 것이 되는 셈이고, 결국 만물에 고정 불변된 것은 없다는 이치에 대한 예외가 된다. 그런데 그것이 그렇지 않다는 것이 근래의 양자물리학量子物理學에 의해서 밝혀졌다. 원자를 이루는 극미립자極微粒子인 양자, 광자, 전자, 중성자 따위는 입자로서 뿐만 아니라 파동으로서의 성질도 가지며, 파동도 또한 입자와 같은 성질을 보이는 수가 있다는 것이다. 코프라Fritjop Copra박사는 세계적 베스트 셀러인 그의 '현대물리학과 동양사상'The Tao of Physics에서 "물질의 아원자적亞原子的 단위는 양면성을 띠는 매우 추상적인 실체로서, 우리가 어떻게 보느냐에 따라 입자로도, 파동으로도 나타난다."는 것을 분명히 했다. 결국 우주 만물은 예외 없이 고정 불변의 것이 없이 모두 변한다는 것이 과학적으로도 입증된 셈이다.

우주의 이치가 이러함에도 불구하고 무명無明에 가린 사람들은 자기가 얻은 권세나 명예는 생전 자기와 함께 할 것으로 착각한 나머지 교만에 빠지고, 많은 재물을 지닌 사람은 그 재물은 절대로 자기를 떠나지 않을 것으로 착각하여 그에 집착하며, 남보다 조금 더 배웠다는 사람은 그 배운 것이 항상 소중한 가치를 유지할 것으로 잘못 알고 방일放逸의 늪에 빠지는 수가 많은 것이 예사이다. 이 모두가 모든 것은 예외 없이 변하고 고정된 것은 하나도 없다는 엄연한 진리를 깨닫지 못하는 데서 오는 병폐라고 할 수 있다. 고정된 것은 없다는 것을 모르기 때문에 교만이 생기고, 변하지 않는 것은 없다는 것을 모르기 때문에 집착하며, 모든 것은 변한다는 것을 실감하지 않기 때문에 실체조차 알 수 없는 '나'라는 것을 내세우고 그 '나'에 매달리는 것이다. 결국 이 모든 것을 무명의 소치로 돌릴 수밖에 없으며, 무명이 죄다.

그러나 한편 이 세상의 것들이 사람의 착각과 같이 고정되어 변하지 않는다고 가정한다면 세상이 얼마나 조화를 잃고 무미건조無味乾燥하며 살 맛을 찾기 어려울지 상상하기조차 두려운 일이 아닐 수 없다. 가진 사람은 항상 갖고, 없는 사람은 언제나 없으며, 권세 있는 사람은 언제나 그것을 유지하고, 낮은 사람은 늘 낮은 지위에 머물러 있어야 함은 물론, 어린이는 어린 대로, 늙은 이는 늙은 대로 그 상태가 유지될 것이니, 딱한 일이 아닐 수 없고, 노력이라는 것도 별로 큰 효험이 없을 것이니 한심스런 일이 아닐 수 없다. 그러나 다행히도 이 우주의 모든 것은 그것이 유형적이거나 무형적이거나를 가릴 것 없이 모두 변하고 고정된 것은 하나도 없으니, 얼마나 신비롭고 교훈적인 일인가! 그래서 세상은 그런대로 살만하다는 것인지도 모른다.

잡아함의 과거무상경過去無常經에서 부처님께서는 여러 비구들에게 "과거와 미래의 물질도 무상하거늘 하물며 현재의 물질이겠느냐. 거룩한 제자로서 이렇게 관찰하는 자는 과거의 물질을 돌아보지 않고, 미래의 물질을 즐겨하지 않으며, 현재의 물질은 싫어하고 욕심을 떠나 바른 방향으로 멸하여 다하느니라."라고 가르치셨으며, 이 경은 제행무상을 말씀하신 대표적인 경으로 자주 들린다. 이미 2500여년 전에 모든 것은 무상하여 고정된 것이 없으니 어떠한 것에도 집착하지 말도록 일깨우신 부처님의 가르침을 깊이 새겨 하루 빨리 어리석음의 번뇌로부터 벗어나야 하지 않겠는가! 권력이란 원래 아침 이슬과 같은 것을…!

제3부

사고의 대전환

정론직필로 세상을 밝혀야

태어난 것은 모두 생일이 있기 마련이고, 생일이 있다는 것은 곧 그것이 태어났다는 이야기이다. 생명 있는 것이거나 생명이 없는 것이거나를 가릴 것 없이 태어난다는 것은 그 자체로서 의미 있는 일이고 거룩하고 신성한 일이다. 무릇 태어난 것은 모두 사라지는 것이라고는 하지만, 태어남으로써 존재하고 존재함으로써 그 나름의 구실을 충실하게 수행할 수 있기 때문이다. 특히 현대사회에서 언론이 차지하는 기능의 중요성에 비추어 볼 때 언론기관의 탄생은 참으로 다양한 사회적 의미를 지닌 것이어서 마땅히 그 생일을 축하할 만한 일이다.

법보신문은 창간 20주년을 맞이함으로써 이제 어엿한 성년에 달한 것이다. 성년이 되었다는 것은 스스로 그의 책임을 감당하고 수행할 수 있는 지위에 서게 되었다는 것을 나타내는 것이다. 언론이나 출판을 둘러싼 여건이 매우 척박한 우리나라 실정에 비추어 법보신문이 창간 20주년을 맞아 성년에 이르게 되었다는 것은 한편으로는 대견스럽고, 한편으로는 20년이라는 세월을 용케도 잘 견디며 발전해 왔다는 찬사가 저절로 나온다. 그러나 성년에 이른 것을 즐기기에 앞서, 성년에는 막중한 책임이 따른다는 것을 인식해야 한다. 성년에 이른 하나의 언론기관으로 우뚝 서게 된 이상, 그에 지워진 무거운 짐을 잘 견뎌내면서 이 세상에 법보신문이 있게 된 의의를 올바르고 유감없이 발휘할 수 있어야 한다. 법보신문을 아끼는 수많은 사람들이 법보신문의 창간 20주년을 마음으로부터 축하하는 뜻도 바로 그에 대한 큰 기대에서 우러나는 것이라고 할 수 있다.

법보신문은 교계의 정론지인 불교전문지로서의 입지를 더욱 굳건하게 다지게 되었다는 뜻에서 참으로 경하慶賀할 일이 아닐 수 없다. 특히 어느 종단이나 사찰 또는 개인에게 매임이 없는 법보신문은 좌고우면左顧右眄할 것 없이 오로지 부처님의 가르침을 지침삼아 당당하게 정론의 길로 매진할 수 있는 처지를 최대한 선용善用하여 불교의 발전과 교계의 순화는 물론, 불교를 믿고 아끼고 실천하는 모든 사람들의 선량한 귀와 입이 되도록 노력할 것을 기대하는 마음 간절할 뿐이다.

사람 사는 사회에서 말이나 언론처럼 중요한 것은 없다고 해도 과언이 아니다. 사람은 하루도 말하지 않거나 듣지 않고 지내기가 힘들다. 말없이 지내기가 매우 어렵기 때문에 수행방법의 하나로 묵어默語가 있을 수 있는 것이다. '말'이나 그의 변형變形인 '글'은 사람의 의사전달의 수단이기 때문에 사람 사이의 문제는 대부분 '말'을 매개로 일어나는 것이 보통이다. '말'과는 달리 '글'은 시공時空의 제한으로부터 비교적 자유롭다는 의미에서 그 영향이 '말'에 비할 수 없이 크다. 따라서 '글'을 다루는 언론기관의 무거운 책임은 아무리 강조해도 결코 지나침이 없을 것이다. 부처님의 가르침을 보아도 '말'에 관한 부분이 많다는 것은 바로 '말'의 중요성을 실증하는 것이다. 팔정도 가운데 정어正語, 오계 가운데 불망어不妄語, 사섭사四攝事 가운데 애어愛語는 물론 십선 가운데 사선四善이 모두 '말'에 관한 것임이 그것이다. 부처님께서는 잡아함의 광설팔성도경廣說八聖道經에서 "어떤 것이 세속의 바른말로서, 번뇌와 잡음이 있으되 좋은 세계로 행하는 것인가? 이른바 그 바른말은 거짓말, 두 말, 나쁜 말, 꾸밈말을 떠난 것이다. 이것이 이른바 세속의 바른말로서, 번뇌와 잡음이 있으되 좋은 세계로 행하는 것이다."라고 말씀하시어 정어正語의 뜻을 밝히셨다. 성년을 맞은 법보신문은 정어만을 담아내는 불교계의 정론지로서 한 단계 더 높이 도약하는 계기가 될 것을 기대한다.

관습이 변해야 한다

6.25 이래의 국난이라는 경제위기를 당하여 국민은 국민대로, 기업은 기업대로 모두 제자리에서 이 국난을 슬기롭게 극복하기 위한 피눈물나는 노력을 하고 있다. 효과적인 구조조정을 통하여 이 엄청난 경제위기를 몰고 온 총체적 부조리를 떨쳐내기 위한 산고産苦를 겪고 있는 것이다. 그런데 어찌된 영문인지 항간巷間에서는 "대통령만 있는 것 같다"거나, "도무지 앞을 분간할 수 없다"는 말이 자주 들린다. 매경 기자 출장강연회 참석자를 대상으로 한 설문조사에서도 81.3%에 이르는 많은 사람이 "소리만 요란할 뿐 실질적인 진전은 별로 없다"는 의견이었다고 하며, 지난 2일 대한상공회의소가 국내에서 활동중인 102개 외국기업을 대상으로 한 설문조사에 의하면 41.9%가 정책의 일관성 결여를, 26.7%가 부처간의 의견 불일치를 들었으며, 행정서비스의 만족도에 관하여는 83.7%가 '불만족'스러운 것으로 나타났다고 하니 우

리나라의 행정 내지 공무원의 실상을 알 만하다.

　미국의 어떤 학자는 "한국에서의 구조조정이 효과를 거두려면 관官을 국외國外로 추방해야 한다"는 독설을 퍼부었고, 미국 해리티지재단도 김대통령의 방미를 앞둔 시점에서 "규제완화와 경제개혁을 막는 한국의 관료들의 저항"에 대하여 언급하였다고 하니 이제라도 경청해야 한다. 관官이 대통령의 시책施策을 신속하고 효과적으로 집행하지 못함은 물론 오히려 실효성 있는 구조조정에 걸림돌이 되고 있다는 뜻이다. 필자는 전에도 구조조정은 행정기구行政機構부터 해야 한다는 견해를 제시한 바 있지만, 행정기구의 근본적인 개혁 없이는 효과적인 구조조정이나 외자유치外資誘致는 기대하기 어려운 일이다. 다행히 대통령은 지자체地自體 선거 후에 정부기구 개편을 구상하고 있는 것으로 보도되었는데, 이 기회에 당면한 국난극복과 닥아오는 21세기에 효과적으로 대처하기 위한 근본적인 행정개혁行政改革이 이루어지기를 바란다.

　공무원을 흔히 씨빌 써번트civil servant 또는 퍼블릭 써번트 public servant라 부른다. 대통령이나 집권당을 위하여 봉사하는 자가 아니라, 문자 그대로 공공에 봉사하는 자, 즉 공복公僕이라는 뜻이다. 우리 헌법 제7조 제1항에서 "공무원은 국민 전체에 대한 봉사자이며, 국민에 대하여 책임을 진다"고 한 것도 같은 뜻의 것이다. 공무원의 신분과 정치적 중립성을 보장하는 것은 공무원이 공복으로서의 사명을 다할 수 있도록 하기 위한 수단이지, 공무원의 개인적 이익을 도모하려는 것은 결코 아니다. 그러나 공무원이 담당하는 행정은 공권력公權力을 수반하는 것이 보통이기 때문에 공무원은 일반 시민에 대하여 우월한 지위에 있는 것으로 오인誤認되는 일이 많다. 또 행정기구는 가장 방대한 전국적인 규모의 것이지만, 그 유지 관리에 소요되는 비용은 국민의 납세로 충당되기 때문에 정부나 공무원은 일반적으로 행정에 관한 비용감각費用感覺이 둔한 것이 사실이다. 공무원에 대한 강한 신분보장, 공무원의 우월심리 및 비용감각의 부족 등이 관官의 개혁을 불가피하게 하는 요인으로 작용하는 것이다.

경제협력개발기구OECD가 요구하는 행정의 기본방향은 행정의 일관성, 투명성 및 효율성과 규제완화라는 것은 잘 알려진 일이다. 그것은 행정에 대한 국민의 요구이자 우리나라에 관심을 갖는 외국사업가들의 요구이기도 하다. 행정이 일관성 없이 자주 바뀌고, 정부내에서의 정책방향이 일치하지 않으며, 행정의 기준이나 방향이 뚜렷하지 않다면 과연 누가 정부나 행정을 신뢰하고 과감한 구조조정에 임하며, 또 우리나라에 투자하려 할 것인가?

언젠가도 공무원의 복지부동伏地不動이 크게 문제된 바 있고 이른바 문민정부 출범 직후에도 정책혼선에 관한 비난이 많았던 것으로 기억된다. 그 때도 공무원의 기강을 바로 잡기 위한 사정활동司正活動이 전개되었지만, 문제를 제도개혁의 차원에서 근본적으로 치유治癒하려는 노력은 없었다. 공무원의 복지부동이나 행정편의주의 또는 관의 독선獨善은 전통적인 관료조직 속에 깊이 박혀 있는 병리현상病理現象의 일종이라고 할 수 있다. 이러한 고질적인 병을 고치려면 그 때마다의 소극적인 대증료법對症療法으로는 효과를 거두기 어렵고, 행정의 구조조정이 이루어져야 한다.

현대행정은 경영관념을 바탕으로 한 행정수요에의 봉사라고 할 수 있으며 전산기기電算器機의 눈부신 발달에 따라 행정인력의 수요와 행정속도는 크게 변한 것이 사실이다. 따라서 변화된 행정여건에 걸맞도록 행정기구의 근본적인 조정이 필요한 것은 당연한 일이다. 다시 말하면 과감한 행정의 전산화와 규제완화 및 사무의 민간위탁 등 아웃소싱out sourcing의 도입을 전제로 행정조직을 대폭적으로 축소 조정해야 하며, 옥상옥식屋上屋式의 지방자치 구조도 재고돼야 한다. 그와 함께 공무원제도로 직위분류제職位分類制를 도입하고, 실적주의와 연봉제를 가미함으로써 공무원의 책임과 처우가 균형을 유지하도록 해야 한다.

필요 이상의 행정기구나 공무원은 불필요한 행정을 창출하고 행정의 낭비로 연결된다는 것을 유의해야 하며, 국민의 세금으로 운영되는 행정기구는 그대로 둔채 민간부문의 구조조정만을 채근하는 것은 순리가 아니다.

말보다 행동으로 환경을 지키자

금년은 1972년에 유엔 주최로 스톡홀름Stockholm에서 인간환경회의가 열리고 환경선언을 한지 20주년이 되는 해이다. 유엔에서 인간환경선언 20주년을 기념하고 지구적 환경문제의 심각화에 대처하기 위하여 오는 6월에 브라질의 리오데자네이로Rio de Janeiro에서 국제환경회의를 개회하기 위한 준비가 한창이다.

1972년에 인간환경선언이 채택될 때만 하더라도 환경문제의 심각성은 일부 관심있는 사람들에게만 받아들여지고, 일반인에게는 그다지 큰 관심의 대상이 되지 못한 것이 사실이다. 그러나 오늘날에는 환경문제는 하나의 상식에 속하리만큼 보편적인 문제로 부각되게 되었고, 환경보전環境保全을 위한 국제적인 노력에도 불구하고 환경문제는 오히려 악화일로를 거듭하고 있음을 부인할 수 없다. 종전에는 환경문제라고 하면 주로 대기오염, 수질오염 및 소음, 진동과 같은 국지적인 문제를 뜻한 것이 일반적이었는데 대하여, 오늘날에는 그에 더하여 지구의 온난화현상, 오존층의 파괴 및 산성비의 문제와 같은 지구적 환경문제에로 발전되게 됨으로써 환경문제는 이제 인류의 생존 자체를 위협하는 요인으로 부각되게 되었다.

우리나라에서도 선진 제국의 예에 따라 환경입법環境立法이 이루어지고, 또 그 환경관련법제가 개선을 거듭함으로써 종전의 단일입법주의에 의한 환경법제가 복수입법주의로 큰 발전을 보게 되었고, 환경행정기구도 발전을 거듭하여 이제 국무위원을 장으로 하는 환경처라는 독립적인 중앙행정기관으로까지 격상되었다. 그뿐만 아니라, 현행 헌법 제35조 제1항은 "모든 국민은 건강하고 쾌적한 환경에서 생활할 권리를 가지며, 국가와 국민은 환경보전을 위하여 노력하여야 한다"라고 하여, 환경권環境權을 국민의 기본권의 일종으로 명시하기까지 하였다. 그러나 환경보전을 위한 그와 같은 제도적인 노력과는 아랑곳없이 환경침해행위는 여전히 거듭되고 있으니, 그저 쇠귀에 경읽기격이다.

얼마 전에 TV의 방영에 의하면, 여천공단에서의 환경오염물질의 배출로 인하여 그 지방의 농작물은 물론 주민의 건강에도 커다란 피해를 주는 상태에서, 농작물의 피해에 대하여는 어느 정도의 배상이 실시되었으나, 인체의 피해에 대하여는 의학적 원인규명이 되지 않음을 이유로 아무런 배상도 이루어지지 않음으로써 주민들의 건강상의 고통이 매우 크다는 것이다. 과연 그렇다면, 이는 매우 심각한 문제라고 하지 아니할 수 없는 일이다. 구태여 환경권까지 거론하지 아니한다고 하더라도, 인격권과 재산권과의 관계에서 의당 사람의 인격권人格權을 앞세워야 하는 것임은 재론의 여지가 없다. 그럼에도 불구하고, 농작물에 대한 피해에는 대처하면서 사람의 건강피해의 문제에 대하여는 소홀하다는 것은 선후를 뒤바꾼 우愚를 범한다는 것이다. 다음으로, 환경오염에 따르는 인체상의 피해는 매우 완만한 것일 뿐만 아니라 의학적인 임상경험이 없는 경우가 많은 것이어서 이웃 일본에서도 이미 실증된 바와 같이 초기에는 의학적인 원인규명이 어려운 것이 보통임을 유의할 필요가 있다. 나아가 농작물에 대한 것이나마 피해보상이 이루어질 정도의 환경상태라고 한다면 당연히 환경관계법 소정의 배출규제작용이 적극적으로 이루어짐으로써 환경보전을 위한 노력이 현실화되어야 마땅한 일이다. 결국 제도와 그 현실적인 운용 사이에는 상당한 거리가 있음을 나타내는 것이라고 하겠다.

한편 지구적 환경문제grobal environmental problems의 해결을 도모하기 위한 국제적인 노력도 다각적으로 이루어지고 있는바, 1987년의 오존층 파괴물질에 관한 몬트리올의정서Monteal Protocol on Substances that deplete the Ozon Layer, Final Act, 1989년의 유해폐기물의 월경이동越境移動과 그 처리에 관한 바젤협정Basel Convention on the Control of Transboundary Movements of Hazardous Wastes and Their Disposal 및 1991년의 종합적 오염규제에 관한 OECD결의OECD Resolution on Integrated Pollution Control 등은 그 대표적인 예라고 할 수 있다. 특히 하나뿐인 지구the only Earth가 인류를 포함한 생물의 생존을 유지함에 적합하도록 지켜나가기 위하여 환경문제의 심각성을 세계적으로 일

깨운 1972년의 인간환경선언의 20주년을 맞이하여, 금년 6월에 유엔의 주최로 브라질의 리오데자네이로에서 국제환경회의International Environmental Conference를 개최하도록 되어 그 준비가 한창인 바, 그 회의의 안건 등을 미리 준비하기 위한 각국 대표들의 5주간 여에 걸친 협상에서 겨우 북반구의 공업국가industrial nations들은 환경을 침해하지 아니하는 방법으로 남반구의 빈곤한 국가를 지원한다는 점에 합의한 것을 제외하고, 보다 실질적인 문제, 즉 첫째로 환경정화環境淨化를 위한 비용의 부담, 개발도상국가의 환경상으로 합리적인 신기술에의 자유로운 접근 및 세계의 삼림보전책森林保全策, 둘째로 세계 기상氣象의 안정화와 생물자원生物資源의 보호에 관한 법적 협정 및 셋째로 환경침해에 대한 국제적인 원인자부담原因者負擔과 환경침해행위에 대한 국가적 감시의무 등의 점에 관하여는 합의에 도달하지 못한 것으로 알려졌다. 이는 결국 환경보전을 둘러싼 남과 북, 즉 선진공업국과 개발도상국 간의 의견의 불일치의 심각성을 나타내는 것이라고 할 것이며, 환경보전이라는 것도 국가이익國家利益 앞에는 무력한 것임을 보인 예라고 할 수 있다.

다른 모든 경우와 마찬가지로 환경보전에 있어서 중요한 것은 행동인 것이다. 아무리 훌륭한 환경보전법제가 갖추어지고, 합리적인 국제협약이나 환경선언이 이루어지더라도, 그것이 실제로 이행되지 아니한다면 구두선口頭禪 이상의 아무것도 아니라 할 것이다. 이제 더 늦기 전에 말보다 행동으로 하나뿐인 지구를 지켜야 할 때임을 모두가 심각하게 인식하여야 한다는 것이다.

누가 감히 헌법질서를 짓밟는가

요새 불교집안佛家의 모습이 예사가 아니다. 조계종 총무원은 지난 7월 30일 "이 정부가 종교편향을 하지 말아달라는 불교계의 요구를 철저히 무시하고 또 한번 참담한 사건을 저질렀다"는 성토성聲討性 논평을 내고, "경찰청장의 사퇴를 비롯하여 정부의 공식 사과, 재발방지를 위한 제도적 장치를 즉각 마련하라"고 요구하면서, 이같은 요구가 받아들여지지 않을 경우 전국 2000만 불자들의 염원을 담아 대규모 규탄대회를 비롯하여 승려대회도 개최할 것이며, 최악의 경우 조계종 산하 전 사찰의 산문폐쇄山門閉鎖도 불사하겠다."고 강력히 경고했다. 한편 8월 27일에는 조계종뿐만 아니라 천태종, 태고종 등 범불교적으로 서울광장에서 '헌법파괴, 종교차별 정부 규탄 범불교도대회'를 개최하기로 하여 불교계 역사상 유례 없는 정부규탄대회가 벌어질 것으로 예상된다.

불교계가 이처럼 강력한 메시지를 전하게 된 원인은 헌법과 법률의 명문 규정을 외면한 채 저질러진 정부의 무분별한 처사에서 찾아볼 수 있다. 마치 약속이라도 한 듯이 국토해양부가 만든 교통정보시스템인 '알고가'와 교육과학부가 운영하는 인터넷 사이트인 '교육지리정보시스템'에 교회와 성당은 모두 표기된 반면에 사찰정보는 대표적인 사찰조차 누락시킨 사실이 드러났고, 전국경찰복음화금식대성회의 홍보 포스터에 조모 목사와 나란히 어모 경찰청장의 얼굴 사진이 실렸다. 그에 더하여 지난 7월 29일에는 경찰이 조계사를 나서는 총무원장의 차를 불심검문하고 차 안과 트렁크 속까지 샅샅이 조사했다는 것이다. 이러고도 불교계가 입을 다물고 있으리라 생각했다면 그것은 천치天痴가 아니면 무모無謀하기 짝이 없는 일이다.

　우리 헌법 제20조는 근대민주헌법 일반의 예에 따라 신앙과 신앙실행의 자유를 천명함과 동시에 국가의 종교적 중립성의 원칙을 분명히 하였다. 그 뿐만 아니라, 헌법 제11조 제1항에서는 종교적 차별금지를 명시하였다. 그러니 정부가 그 사무집행에 있어 특정종교를 차별적으로 취급한 결과를 가져오게 한 것은 애초부터 헌법위반의 행위이다. 한편 경찰관의 불심검문의 근거인 경찰관직무집행법 제3조 제1항은 불심검문의 요건을 범행의 우려가 있거나 범죄에 관한 사실을 알고 있다고 인정되는 경우로 분명히 제한하고 있다. 이러한 요건이 충족되지 않은 불심검문은 직권남용에 이를 수 있음은 물론이다. 그러니 앞에 든 바와 같은 정부 처사에 대해 헌법질서를 짓밟고 법률의 규정을 외면한 종교차별이라고 비난하는 것이 과연 억지라고 할 수 있을까?

역대 대통령 가운데 개신교 신자가 없었던 것이 아닌데도 유독 이 정권에 들어 불교계와의 갈등이 심하다. 대통령은 서울시장 재직 시에도 "서울시를 잘 만들어 하느님께 봉헌하겠다."는 말을 하여 물의를 일으킨 적도 있다. 그런 분이 대통령이 되니 윗사람의 눈치를 보거나 과잉충성을 일삼는 사람들이 넘어서는 안 될 선을 넘으면서까지 불교 폄하의 위법을 저지른 것 같다. 그러한 병을 고칠 처방은 분명하다. 대통령이 직접 나서서 전 공직자들에게 엄히 경고하고 일벌백계─罰百戒로 다스리는 길 밖에 없다. 문화부장관이 말한 것처럼 "문화부 종무실장이 주재하는 관계부처 국장급회의를 열어 종교편향 문제에 대해서 종합적으로 대처하겠다."는 미온적인 태도 자체가 이번 문제의 심각성을 모르는 처사이며, 힘없는 문화부 실장 주재의 실무자회의 정도로는 약효가 없을 것은 뻔한 노릇이니, 그럴 경우의 책임은 고스란히 대통령이 져야 할 것이다. 한편 부처님의 제자를 자처하는 불자佛子들은 상대방이 알아듣도록 분명한 의사표시를 하되, 부처님의 가르침에 충실할 일이다. 잡아함의 건매경健罵經 2에서 부처님께서는 부처님께 욕하고 꾸짖으며 흙을 끼얹는 바라드바자 바라문에게 게송으로 말씀하시기를 "사람이 성내지 않고 원한 없는데 그를 보고 욕하고 꾸짖더라도 청정하여 앙심먹는 때垢가 없으면 그 허물 도리어 제게 돌아가니 마치 흙을 남에게 끼얹더라도 거스름바람 불어 그를 더럽히는 것 같네."라고 하시어 진에심瞋恚心을 멀리하도록 이르셨음을 되새길 일이다.

세계인권선언 —Article 19—

보도된 바에 의하면, 정부는 경제적·사회적 및 문화적 권리에 관한 국제규약과 시민적·정치적 권리에 관한 국제규약에 대한 가입비준동의안을 오는 임시국회에 제출하기로 하였다고 한다. 참으로 반갑고 환영할 일이라 아니할 수 없다. 더욱이 세계인권선언 40주년이 되는 금년에 국제인권규약國際人權規約에 가입한다는 것도 매우 뜻있는 일이라 하겠다.

이 기회에 세계인권선언 제19조와의 관련 아래 언론·출판의 자유에 관하여 살펴보는 것은 결코 무의미한 일이 아닐 것이다.

어제 오늘의 일만은 아니지만, 우리 주변에서는 언론·출판의 자유에 대한 매우 회의적인 소리가 끊이지 않고 있다. '아티클 19'의 쇼케이스 위원장은 '아티클 19'의 금년도 세계보고서인 '정보·자유 및 검열'Information, freedom and Censorship의 서문에서 "언론의 자유는 정부에 대하여 개인을 지키는 가장 기본적인 수단"

이라고 밝히고 있거니와 구태여 그의 말을 빌 것도 없이 세계인 권선언 제19조는 "모든 사람은 언론과 출판의 자유에 대한 권리를 가진다. 이 권리는 아무런 간섭을 받지 아니하고 그의 견해를 가질 자유 및 국경에 관계없이 모든 수단을 통하여 정보와 사상을 추구하고, 받고 또 전달하는 자유를 포함한다"라고 하여 기본적 인권의 하나인 언론·출판의 자유를 명시하고 있음은 주지하는 바와 같다.

표현의 자유로 압축되는 언론·출판의 자유는 실로 인간의 정신적·정치적 자유의 핵심적 부분이라고 할 수 있다. 인간의 내면적 자유를 뜻하는 양심과 사상의 자유가 보장된다고 하더라도 양심과 사상을 외부에 표현하는 자유가 보장되지 아니한다면 그 양심과 사상은 사회에 대하여 아무런 구실도 할 수 없고, 또 타인의 비판을 받아 자기의 사상을 발전시킬 수도 없으므로, 표현의 자유는 곧 양심과 사상의 자유의 연장선상에 있는 것이다.

그 뿐만 아니라, 민주주의는 정치적 사상의 자유로운 형성과 그 전달에 의하여 비로소 효과적으로 실현될 수 있는 것이므로 그러한 정치적 사상을 구체적으로 실현하기 위한 자유로운 사상전달思想傳達의 수단과 기회가 보장되어야 하는 것임은 물론이다.

특히 정부에 유리한 언론·출판은 헌법이 보장하지 아니하더라도 정부에 의하여 사실상 인정될 수 있는 것이기 때문에, 법적으로 보장되어야 할 언론·출판은 정부나 국가권력에 대한 비판을 담은 언론·출판이라고 할 수 있고, 따라서 비판批判의 자유야말로 언론·출판의 자유의 요체라고 하겠다. 이와 같이 볼 때 언론·출판의 자유는 단지 개인의 인격형성人格形成을 위한 것에 그치는 것이 아니라, 민주정치체제民主政治體制가 올바로 기능하게 하기 위한 불가결의 요소라고 할 수 있다. 언론·출판의 자유를 다른 기본적 인권에 앞세우는 까닭도 바로 여기에 있는 것이며, 일찍이 1695년의 영국의 인민협약人民協約이나 1789년의 프랑스의 인권선언人權宣言 등이 언론·출판의 자유를 특히 소중히 규정한 근거도 같은 맥락에서 이해할 수 있는 일이다.

'아티클 19'는 언론·출판의 자유를 천명한 세계인권선언 제19조를 그대로 옮겨 명칭으로 삼은 국제적 기구로서, 세계적으로 언론·출판의 자유를 고양하고 검열檢閱에 항거함을 목적으로 1986년 가을에 설립된 기구이다. 정치범에 대한 세계적 구제기구救濟機構인 엠네스티Amnesty International와는 활동영역을 달리하는 흡사한 기구라고 할 수 있다.

세계 도처에서 정도의 차이는 있지만 언론·출판의 자유에 대한 각종 규제가 집요하게 이루어지고 있는 실정을 직시한 미국의 자선가이자 언론인이었던 맥아더Roderick McArthur에 의하여 창시된 이 기구는, 영국의 런던에 본부를 두고 여러 나라에 지부나 연락망을 가짐으로써 언론·출판의 자유를 고양하기 위한 각종 활동을 전개하는 한편, 검열제도檢閱制度와 언론인에 대한 박해의 사례를 수집·분석하여 적절하고 신속한 대응책을 강구하는 것을 기본적인 임무로 삼고 있다. 결국 각국에 있어서의 언론·출판의 자유를 실효성있게 확보할 수 있도록 하기 위한 일종의 국제적이고 조직적인 활동campaign기구인 셈이다.

우리나라 헌법도 근대입헌국가의 일반적인 예에 따라 제21조에서 국민의 기본권의 하나로 언론·출판의 자유를 보장함과 동시에 언론·출판에 대한 허가나 검열은 인정되지 아니한다는 것을 명시하고 있다. 그러나 이 규정으로써 곧 언론·출판의 자유가 실현되고 간섭이나 검열이 근절되는 것이 아니라는 것은 우리의 경험이 실증적으로 말하여 준다. 문제의 열쇠는 언론·출판의 자유에 대한 정부의 인식, 언론·출판의 자유를 지키려는 언론인의 노력 및 그에 대한 국민의 불굴의 의지에 달렸다고 하겠다.

아무쪼록 우리의 언론·출판 상황이 '아티클 19'의 관심의 대상이 되지 아니하고, 나아가서는 '아티클 19'가 존재 필요성을 잃게 되는 날이 빨리 오기를 기원할 뿐이다.

기여금 입학 유감

몇 년 전의 일이다. 대학교의 음악계 입학시험의 실기고사에 부정이 있었다는 이유로 사직당국에서는 관련 교수와 학부모에 대한 수사를 펴고 그 결과 금품거래 등의 부정사실이 밝혀져 관련 교수와 학부모가 기소된 일이 있음을 우리는 알고 있다.

가장 공정하여야 할 대학입시가 금품수수 등 부정한 방법에 의하여 오염된다는 것은 교육의 본질을 들출 것도 없이 상상조차 하기 어려운 일일뿐 아니라, 특히 정서와 높은 예술성을 살려야 할 음악대학의 입학시험에서 그러한 부정이 작용하였다는 점에서 충격은 더욱 컸던 것으로 생각된다. 그런데 몇 달 전에는 시내의 모대학 입학시험에서 총장이 중심이 되어 금품수수에 의한 부정입학을 자행하였음이 드러났고, 그에 뒤이어 그와 같은 부정입학은 몇 년을 두고 반복적으로 이루어진 것이라는 점도 수사결과 밝혀짐으로써 전직 총장과 학교법인 이사장이 구속되는 실로 믿기 어려운 일이 현실로 나타났다.

그러자 사학의 일각에서는 마치 기다렸다는 듯이 사학의 재정 상태의 어려움을 내세워 기여금 입학의 양성화를 주장하는 소리가 나오고, 지상에 보도된 바에 의하면 교육부에서도 정원 외로 일정한 범위 내에서의 기여금 입학제도를 신중히 검토하고 있는 것으로 보도되었다. 실로 아연실색할 일이 아닐 수 없다.

모든 문제는 소극적 미봉적인 해결을 도모할 것이 아니라, 거시적인 안목에서 본질적인 해결을 모색하여야 한다는 것은 다시 말할 나위조차 없다. 더욱이 교육에 관련되는 문제는 교육적 방법에 의한 해결을 추구해 나감으로써 비로소 교육의 성과와 연결되는 합리적 효과를 기대할 수 있는 것이다. 금품수수 등 부정한 방법에 의한 입학시험이 사학의 재정난을 이유로 합리화될 수 없다는 것은 누구나 쉽사리 이해할 수 있는 일이다.

입학시험이라는 것은 한편에서는 정원을 초과하는 입학 지망자가 있는 경우 입학생의 공정한 선발을 위한 수단으로서의 구실을 하지만, 다른 한편에서는 당해 학교에서의 학습집단의 균질화를 위한 방법으로도 작용하는 것이다. 그런데도 불구하고, 설혹 정원 외의 일이라고 하더라도 기여금 납부에 의한 입학을 공식화하는 것은 대학의 재정수입에 다소의 도움이 될 수 있을지는 모르지만, 학생 상호간 나아가서 사회 계층간의 위화감을 조장하고 학습집단의 균질화를 깸으로써 역교육적인 결과를 가져올 우려가 크다는 것은 쉽게 짐작할 수 있는 일이다.

교육은 궁극적으로 자라나는 세대에게 진리 탐구는 물론 정의

와 형평의 관념을 심어줌으로써 건전한 민주시민으로서의 기량을 기르는 매우 숭고한 사명을 띄고 있음은 의문의 여지조차 없는 일이다. 교육에 관련되는 문제를 해결한다는 구실로 값진 교육의 본질에 금이 가서는 아니될 일이다. 만일 사학의 재정지원이 기여금 입학을 논의할 정도로 심각한 지경에 이르른 것이라면 정부로서는 보조금의 교부라거나 장기저리의 융자를 도모하는 등 자금조성행정을 적극적으로 고려하는 것이 문제의 본질에 접근하는 보다 합리적인 길이 아닐런지!

사학에 학생선발권 되돌려 줘야

대통령의 거듭된 언급을 원용할 것도 없이 다가오는 21세기는 지식이 지배하는 사회가 될 것이고, 따라서 가차없는 지식경쟁이 벌어질 것은 분명한 일이다.

지식경쟁에 효과적으로 대처하기 위한 기초는 교육에 의하여 다져지는 것이며, 교육 가운데에서도 특히 중등교육을 통하여 지식경쟁을 위한 자질을 계발하여야 한다는 것은 의문의 여지가 없다. 그런데 어찌된 영문인지는 몰라도 우리의 교육현실이나 교육행정의 실상을 보면 오히려 대통령의 뜻이나 당면한 교육의 과제와는 동떨어진 느낌을 주는 일이 한 두 가지가 아니어서 당혹스럽기 짝이 없다.

우선 고등학교 평준화라는 것이 그 예의 하나이다. 이른바 고등학교 평준화시책이 여러 가지 폐단을 초래하고 있음은 이미 충분히 알려진 일이다.

첫째로, 선의善意의 경쟁심과 경쟁능력을 기르는 것도 교육의 중요한 기능의 하나임은 물론, 모든 부담은 어느 한 곳에 집중되지 않도록 적정하게 분산되어야 한다. 고등학교에 진학할 때까지 변변한 진학경쟁이나 입학시험의 경험을 맛보지 못한 상태에서 대학진학단계에 이르러 입시경쟁의 병목현상이 생기게 되니, 대학진학을 위한 입시경쟁이 이른바 고3병을 불러 올 만큼 치열해지는 것은 당연한 일이다.

둘째로, 교육은 균질均質의 학습집단을 대상으로 할 때에만 그 효과를 극대화할 수 있는 것이고, 수준이 다양한 이질집단에 대한 교육은 교육자는 물론 피교육자에게도 매우 곤혹스러운 일이며, 교육의 누수현상漏水現象이 심하다는 것은 다시 말할 나위조차 없는 일이다. 중등학교에서 볼 수 있는 학교폭력 현상의 원인은 여러 가지 있겠으나, 그 가운데 중요한 것의 하나가 바로 평준화시책에 따른 이질집단을 대상으로 한 수업으로 말미암은 학습의 욕 내지 취미의 상실이라고 할 수 있다.

고등학교 입시제도의 부활을 이야기하면 으레 과외부담을 걱정한다거나, 중학교단계에서부터의 입시준비로 인한 체력의 약화를 걱정하는 소리가 들린다. 그러나 현재와 같은 연간 중학교 졸업생수 대 고등학교 입학정원을 감안한다면 고등학교 진학 경쟁비율은 그다지 심각한 것이라고 할 수 없음은 물론 입시준비로 인한 체력약화라는 것은 무시해도 무방할 정도다.

결국 고등학교 평준화시책은 지식경쟁의 시대인 21세기를 눈앞에 둔 이 시점에서 심각하게 재검토되어야 할 과제이다.

우선 사립학교 가운데 입시에 의하여 선발하겠다는 학교에서만이라도 자기들이 교육할 학생을 스스로 선발할 수 있는 학생선발권을 회복시켜 주고, 국·공립학교와 입시에 의한 학생선발을 원하지 않는 사립학교에서는 현행제도를 유지하게 하는 것도 하나의 방편일 것이다.

다음으로 지적할 문제는 중등교육의 내용과 방법에 관한 것이다. 우리나라 중등교육의 내용과 방법에 문제가 많다는 것은 이미 많은 교원과 학부모들에 의하여 제기된 일이다. 사람의 자질과 적성에는 차이가 있다는 것은 새삼스럽게 설명할 필요조차 없는 일이다. 전인교육全人敎育이라는 것은 하나의 이상이지 현실성은 매우 희박한 것이다.

더욱이 지식경쟁시대 내지 정보화시대로 불리우는 이 시대의 교육은 각자의 자질과 적성을 조기에 발견하여 그의 잠재능력을 효과적으로 계발·육성할 수 있도록 노력하는 것이 되어야 한다. 그럼에도 불구하고 중등학교에서 학생의 적성은 도외시한 채 교육과정에 정하여진 모든 교과목에 대한 천편일률적千篇一律的인 교육을 하도록 하고 있으니 그 불합리성은 다시 말할 나위조차 없는 일이다.

인문과목이나 이과과목에 능한 학생이 있는가 하면 체육이나 미술 등 예능에 적성이 맞는 학생도 있을 수 있다. 오늘날은 지식경쟁시대임과 동시에 다양성의 시대이다. 학생들의 적성을 최대한으로 살릴 수 있도록 다양성을 반영하는 교육이 이루어짐으로써 비로소 이 시대가 요구하는 교육의 효과를 기대할 수 있는 것이다. 요컨대 경쟁시대에 경쟁은 다양성 속에 전문성을 갖춘 인재를 양성하는 교육이 이루어져야 한다는 것이다.

끝으로 교육은 현장중심의 것이 되도록 하고, 교육행정은 현장 교육의 실효성을 거둘 수 있도록 지원하며, 교육정책의 큰 가닥을 잡아주는 일에 전념하여야 할 것이다. 교육부나 교육청이 모의시험의 회수까지 간섭하는 등 평준화에 매몰된 교육시책이 자칫 교각살우矯角殺牛의 우愚가 되지 않을까 걱정이다.

사고思考의 대전환

　약 한 달 전에 새 정권이 탄생했고 온 국민이 큰 기대 속에 새 정권의 출발을 축복했다. 그러나 새 정권 담당자인 대통령으로서는 인수의 기쁨보다 총체적 부실상태에 놓인 살림을 맡게 된 데 대한 걱정이 앞섰을 것으로 짐작된다.

　대통령이 취임사에서 언급한 것처럼 지금 우리가 당면한 경제적 위기는 6.25동란 이래 최대 국난國難임에 틀림없다. 문제의 심각성은 오늘의 이 경제위기를 불러온 원인이 어제 오늘에 비롯된 것으로 볼 수 없다는 점이다. 다시 말해 오늘날 우리가 직면한 위기의 근인近因으로는 외환문제에 적절히 대처하지 못한 구舊정권의 방만한 처사를 들 수 있다. 하지만 원인遠因을 살펴보면 현실을 바로 보지 못하고 실속없이 자만을 내세우는 구시대적인 사고와 행동을 일삼은 데 있다고 생각한다.

　대기업은 은행빚의 무서움을 외면한 채 기업의 본질이라고 할 수 있는 비용과 이윤에 대한 감각이 무뎠고, 은행은 은행대로 자기 기능을 망각한 채 관치금융官治金融에 물들어 왔던 것이 사실이다. 공무원은 봉사정신과 현대적인 경영감각과는 동떨어진 규제規制 중심의 행정에 안주安住해 왔다는 지적을 과연 잘못됐다고 항변할 수 있을까? 참으로 온전한 구석을 찾아보려고 해도 좀처럼 눈에 띄지 않는 대목뿐이다. 이는 입으로는 '21세기'와 '세계화'를 외치면서 생각과 행동은 아직도 과거의 틀에서 벗어나지 못했음을 실증하는 것이다.

앨빈 토플러Alvin Toffler의 말을 빌릴 것도 없이 우리는 정보화 시대에 살고 있으며 정보산업은 날로 그 위세를 떨치고 있다. 뿐만 아니라 오늘날은 국제화 시대로 불린다. 최근 눈부신 과학기술 발달로 인한 경제의 서비스화·국제화는 관세·무역일반협정 GATT에서 세계무역기구WTO체제로 국제경제질서를 이행移行하게 하는 대전환을 가져왔다. 이러한 상황 변화로 각국은 국제화라는 기치를 내걸고 눈앞에 다가온 21세기에 효과적으로 대처하기 위해 전방위적全方位的인 구조조정 노력을 계속하고 있음은 이미 잘 알려진 사실이다.

오늘날과 같은 정보화와 국제화시대에 있어서는 '큰 것이 좋다.'는 관념은 이미 구시대의 것이 돼 버렸다. 또 동질성 시대에서 이질성異質性 시대로 접어들어 양量과 규모보다 질質과 속도가, 자본 소유보다는 전문성 확보가 우선하는 상황으로 변했다. 이런 새로운 현상이 바로 '화이트칼라' 위에 '골드칼라'를 탄생시켰다고 볼 수 있다.

오늘날 국제경쟁에서 이기기 위한 총체적인 구조조정은 사고思考의 대전환大轉換을 전제로 하지 않으면 불가능하다. 종래와 같은 사고를 유지하면서 정부의 권고나 여론의 향배에 따라 마지못해 실시하는 형식적인 구조조정은 아무런 의미도 찾을 수 없고 오히려 비효율성의 원인이 될 수도 있다.

오늘날 우리가 당면한 어려움의 원인이 어디에 있는지, 다른 선진국가에서는 어떠한 일이 일어나고 있는지, 구조조정의 참뜻은 어디에 있는지, 정보화시대가 요구하는 것은 과연 무엇인지 등에 대해 냉철하고 깊이 있게 생각해야 한다. 여기에다 다가오는 21세기를 향한 국제화와 정보화시대에 실속있게 적응할 수 있는 올바른 사고의 방향이 무엇인지를 가늠하는 비전vision을 확립하고, 그 비전을 향한 사고의 전환이 동반되어야만 한다.

사고의 대전환은 여당과 야당의 문제, 기업가와 근로자의 처지, 공무원과 시민의 지위를 떠나 보다 심각하고 근본적인 의미를 가진다. 국제적 상황이 변했다면 그 상황에 적절히 대응할 수 있도록 사고의 틀이 바뀌어야 함은 당연하다. 사고의 전환 여부에 따라 우리가 과연 이 경제위기를 슬기롭게 극복하여 불과 2년 앞으로 다가온 21세기에 효과적으로 대처할 수 있는가가 판가름 날 것이다.

사고의 전환은 각자가 그 필요성을 인식함으로써 자율적으로 이루어져야 하며, 제도적 뒷받침이 수반돼야만 성과를 거둘 수 있다. 정부가 거창하게 정신혁명을 부르짖는다고 해서 성취할 수 있는 성질의 것이 아니다. 각 분야에 종사하는 사람들이 자신의 위치를 되돌아보면서 사고를 전환하는 것이야말로 자기가 하는 일에 보탬이 된다는 인식을 갖고 이를 위해 피나는 노력을 해야 한다는 것이다.

아무튼 기업이나 정당 그리고 정부나 가정을 가릴 것 없이 낭비적이고 비효율적인 요소나 과시적誇示的인 부분을 도려내고 작지만 실속있는 것을 추구하는 사고를 갖도록 해야 할 것이다. 이런 점에서 "전화기에는 사고의 전환이 필요하다."는 깅리치 미국 하원의장의 말을 새삼 되새겨 본다.

자연과 어울려 사는 지혜

이른바 대운하사업을 반대하여 스님들을 비롯한 각 종교계 성직자 20여명이 운하건설예정지를 따라 100일간의 도보순례를 마치고 지난 5월 19일 서울로 돌아왔다. 이를 계기로 5월 24일 순례단이 참여한 가운데 종교계를 비롯한 시민단체 구성원들이 참석하여 대운하사업 백지화를 촉구하는 범국민대회가 열렸다고 한다. 이들은 한결같이 자연과 생명 그리고 나라의 미래를 살리기 위해 대운하사업계획은 없던 일로 돌려야 한다고 목청을 높였다. 매스컴의 보도에 의하면 국민 60% 이상이 반대하고, 18대 국회의원 당선인 85%가 사업의 폐기 또는 보류의견이라는 조사결과가 나왔다고 한다. 국민의 목소리가 이처럼 분명함에도 불구하고, 정부의 요직에 있다는 사람들은 대운하사업의 타당성을 변명하거나 요리저리 합리화시키는데 여념이 없다. 특히 기획재정부장관은 지난달 7일 영국 런던에서 열린 한국경제설명회에서 "실질적으로 운하가 아닌 수로"라고 개념지운 다음, "정부재정으로 하는 것이 아니라 민자로 추진하는 프로젝트인 만큼 정부가 막을 이유가 없다"고 괴변을 늘어놓았다고 한다.

　우선 민간기업이라고 해서 민자로 하천에 운하개발공사를 하는 것은 정부와 무관한 것인지를 짚고 넘어가야 할 것 같다. 우리나라 하천법 제3조는 "하천은 국유로 한다."라고 하여 하천국유주의를 명시하였고, 하천의 등급에 따라 국가하천은 국토해양부장관이, 지방하천은 관할구역의 시, 도지사가 각각 관리청이 되며, 하천공사와 유지 관리는 원칙적으로 당해 하천의 관리청이 하도록 하천법에 명문으로 규정하고 있다. 그 이름이 운하건, 수로건, 4대강 정화건 가릴 것 없이 이 사업은 하천구역을 파고 깎고 넓히는 하천에 관한 공사임이 분명한 일인데, 민자로 추진하는 일이면 정부가 막을 이유가 없다는 말이 과연 현행법 아래에서 정부의 장관이라는 사람의 입에서 나올 수 있는 일인지 한심스럽기 짝이 없다.

　철도와의 경쟁에서 밀려 운하사업이 사양산업으로 된 것은 이미 오래된 이야기이다. 특히 우리나라와 같이 3면이 바다인 반도국가나 영국, 일본과 같은 섬나라의 경우는 천혜의 바다를 활용한 해운海運의 의존도를 높여 물류物流의 시간과 비용의 절감을 꾀하는 것이 상식이다. 그럼에도 불구하고 구태여 국토를 종단縱斷하는 운하를 건설한다고 하는 경우에 예상되는 문제는 하나 둘이 아니다. 먼저 운하건설에 따르는 문제만 해도 만만한 것이 아니다. 운하를 건설하려면 먼저 하천구역을 준설浚渫하여 파고 넓힘은 물론, 물류의 경제성을 위하여 구불구불한 자연상태의 하천을 가급적 직선화하고, 큰 배가 지날 수 있도록 하천에 걸려있는 기존의 대부분의 다리를 높이고 교각橋脚의 폭을 넓히는 일이 기본이다. 말이 쉽지 판을 몽땅 새로 짜는 것과 다름이 없으니, 경비는 둘째치고라도 생태계는 물론 생활환경에 미치는 영향은 이루 헤아릴 수조차 없이 큰 일이다.

어디 그뿐인가? 막대한 비용과 생태계의 희생을 치르면서 운하를 건설한다고 가정하더라도 그 뒤 관리·유지 문제가 예삿일이 아니다. 우선 빈번한 준설이 요구됨은 물론, 수로의 직선화로 인한 장마철의 홍수관리와 갈수기渴水期의 수량관리가 문제로 등장한다는 것은 상식이다. 더욱 근본적인 문제는 자연환경의 훼손으로 인한 생태계의 파괴와 수질오염의 문제이다. 운하의 수로확보를 위한 하폭河幅의 확대와 직선화, 주변 산야山野의 굴착掘鑿 등으로 인한 생태계의 파괴와, 운하를 다니는 배가 사용하게 될 저질유低質油로 인한 수질오염을 피하기 어렵다는 것은 재론의 여지가 없는 일이다.

한번 훼손된 자연과 생태계는 원상으로 돌이키기 어렵다. 더욱이 이 국토는 오늘을 사는 우리의 삶의 터전임과 동시에 우리의 자손들이 대를 이어 살아갈 보금자리인 것이다. 나아가 우리 인간은 자연의 지배자가 아니라, 자연의 품속에서 다른 생명들과 어울려 살아가는 존재의 하나에 지나지 않는다. 부처님께서는 중아함의 불사경不思經에서 "법과 법은 서로 이익되게 하며, 법과 법은 서로 의지한다"라고 하여 우주 만물은 인드라망網의 매듭처럼 연기를 바탕으로 서로 관계되고 서로 의지하며 존재하는 것임을 분명히 하셨다. 이 세상에 저 홀로 존재할 수 있는 것은 하나도 없다. 부디 '국민을 섬기는 정부'답게 국민의 소리에 귀 기울여 자연과 생명의 가치를 존중하고 나라의 미래를 흔들지 않도록 운하계획은 없었던 일로 돌렸으면 한다.

염치없는 공직

IBA총회에 참석차 베를린에 가 있을 때의 일이다. 10월 25일의 CNN뉴스는 한국의 전국방부장관인 이모씨의 구속사실을 크게 보도하였고, 그러한 보도에 접한 외국변호사 중 면식이 있는 몇 사람이 "한국에서는 대통령이나 장관과 같은 고위공직생활을 하고 나면 구속되어 재판에 회부되는 일이 많은데, 불안하여 어찌 고위공직자가 될 수 있겠느냐"는 등 매우 난처한 말을 건넸고, 그런 말을 듣는 나로서는 민망함을 금할 수 없었다.

구구한 설명을 덧붙일 것도 없이, 민주국가에서의 공직公職이란 공공의 이익을 위하여 국민 전체에 대하여 봉사하는 직책인 것이지, 자기의 일신상의 영달이나 치부를 도모하는 자리가 아님은 다시 말할 나위조차 없는 일이다. 그렇기 때문에, 공직자에게는 맡은바 직무에 대한 성실성誠實性과 공직자로서의 청렴성淸廉性 및 공직자다운 품위를 유지할 고도의 윤리적 책임倫理的責任이 따르는 것이고, 그러한 책임은 지위가 높을수록 가중되는 것이다. 구태여 공직자윤리법과 같은 법을 만들어 고위공직자들에게 재산 등록의무와 외국 등으로부터의 선물신고의무를 과하고 퇴직공직자의 유관사기업체에의 취업제한을 명시한 것도 바람직한 공직자상을 확립하고 공직자의 염치廉恥를 지킬 수 있도록 하기 위한 수단의 하나인 것이다.

그럼에도 불구하고 고위공직자들의 염치를 모르는 작태는 꼬리를 물고 일어남으로써, 국내적으로는 정부에 대한 국민의 불신을 만연하게 하고, 대외적으로는 사뭇 나라의 체통을 깎아내리는 몫을 하고 있음을 부인할 수 없다. 국방부장관의 파렴치한 비리가 들추어지자 정부에서는 신분의 고하에 관계없는 계속적인 사정司正을 강조하면서 새삼스럽게 이곳 저곳의 비리수사 결과를 공표하고 있으나, 국민의 입장에서 볼 때에는 과거에도 흔히 보고 들어온 캠페인성 사정의 일종으로 밖에는 느껴지지 않으니 문제가 아닐 수 없다.

문제는 대통령을 비롯한 고위공직자와 지도층의 의식구조에 있는 것이라고 아니할 수 없다. 신문에 보도된 바에 의하면 매우 해괴하게도 구속된 "이전장관은 24일 검찰의 소환에 앞서 서울 한남동 공관에서 공군 법무감 출신의 이모변호사 등과 함께 대책을 숙의, 이전장관은 이날 지난 23일 장모씨 등 역대 공군참모총장들이 군의 사기저하를 우려하며 유감을 표시한데 대해 공감을 표시했다"고 하니, 도무지 이해할 수 없는 노릇이다. 독직瀆職의 비리를 저지르고 군기를 누설한 공군참모총장 출신의 전국방부장

염치없는 공직

관의 법적 책임을 엄히 추궁하는 것은 오히려 군의 사기제고에 이바지할 일이지, 어찌 군의 사기저하를 가져올 우려가 있는 것인지를 알 수 없다. 만일 우리의 군이 그들의 종전의 상사가 비리를 범하여 법적 책임을 추궁당함으로써 사기가 저하될 수 있는 것이라면 그것이야말로 문제라고 아니할 수 없는 일이며, 적어도 나로서는 그러한 발상 자체를 믿고 싶지 않다. 오히려 그러한 기우에 젖은 지도층의 관념이 염치없는 일로 여겨질 뿐이다.

정부에서는 걸핏하면 세계화를 내걸고, 또 우리나라도 이제는 경제적으로 선진국 대열에 낄 만하다고 하여 OECD가입을 추진하여 가입초청까지 된 상태에 와 있다. 그러나 세계화도 필요하고 OECD가입도 좋은 일이나, 그에 앞서 생각할 일은 우리가 그에 걸맞는 의식意識을 가지고 행동에 옮김으로써 지탄의 대상이 되지 않도록 하는 일이 우선이라고 하겠다. OECD는 금년 5월에 해외에 공여한 뇌물에 대한 조세공제폐지를 내용으로 하는 결의를 공고한 외에, 지난 6일부터는 뇌물방지작업반회의를 열고 외국공무원에 대한 뇌물제공처벌방안을 구체적으로 논의하고 있고, 세계무역기구WTO도 부패문제를 5대 중요 현안의 하나로 다룸으로써 오는 12월 싱가포르에서 열릴 예정인 각료회의에서 정부조달에 관한 투명성보장을 위한 잠정협정을 마련하려는 제안이 있을 것으로 예상되는 등 활발한 부패방지 움직임을 보이고 있다. 독일에 본부를 둔 국제적인 부패추방운동기구인 TI Transparency International는 범세계적으로 지부를 결성하면서 부패방지운동을 전개하고 있는 국제적인 동향을 주목할 필요가 있다. 이제 고질화된 우리의 부패를 척결하기 위하여 미시적이고 대증요법적인 처방이나 캠페인식 사정의 차원을 떠나 부패방지를 위한 보다 근본적이고 거시적인 처방을 마련하여야 할 때가 되었다고 생각한다. 그럼으로써 공직의 염치를 지키고 공직자를 명예로운 존재가 되도록 하여야 한다.

공직의 책무를 저버린채 비리를 저지르고 파렴치破廉恥한 행위를 하는 것은 결국 사람인 것이어서, 고위공직자의 임명과정에 관한 문제에 언급하지 않을 수 없다. 그 동안에 있었던 몇 가지 사례를 통하여도 알 수 있는 것처럼, 고위공직자의 임명에 있어서 그 임용 후보자에 대한 보다 철저하고 객관적인 검증을 거쳤던들 범하지 아니하였을 우愚를 범한 경우가 적지 아니하다는 사실을 부인할 사람은 없을 것이다. 우리는 미국의 레이건대통령 당시에 대통령이 대법관으로 내정하여 의회의 인준을 요청한 '보크'에 대한 의회의 청문 결과 그 인준이 거부된 사실을 아직도 기억한다. 그와 같은 인사청문은 임용 내정자가 그 자질이나 과거의 행적과 능력 등에 비추어 과연 그 직책을 효율적이고 명예롭게 감당할 만한 자인지를 검증함으로써 공직의 염치, 즉 품위와 효율를 지킬 수 있도록 하려는 수단인 것이다.

만시지탄은 있으나, 우리의 경우도 인사청문법人事聽聞法을 제정하여 고위공직자 임용절차를 신중하게 할 필요가 있다. 그 임명任命에 있어 국회의 동의를 받도록 헌법에 규정된 경우조차 그 동의라는 것은 하나의 격식갖추기에 불과한 것이었다고 밖에는 보기 어려운 것이 사실이기 때문이다. 철저하고 신중한 인사청문

과정을 거쳐 고위공직자를 임용함으로써 뒤에 일어날 수도 있는 불미스러운 일을 미연에 방지할 수 있는 일이기 때문이다. 며칠 전에 있은 공모 외무장관의 불의의 퇴임사유가 과연 무엇인지도 알 수 없고, 또 항간에 나도는 인민군 복무전력이라는 것은 이미 40여년 전의 일일 뿐만 아니라 그후 직업외교관으로서 헌신한 공로로 보아 새삼스러이 그러한 이야기로 물의가 빚어질 만한 일도 아니라고 생각되지만, 만일 그 임용과정에서 인사청문을 통하여 그러한 전력이 검증되고 여러 모로 분석평가를 한 후 임용하였었던들 새삼스러이 문제될 여지조차 없었을 것이다.

아무튼, 공직자는 그 자신이 주인主人이 아니라 주인인 국민 전체에게 봉사하고 국민에게 책임을 지는 위치에 있는 것임을 깊이 인식함으로써 공직을 소중하고 명예롭게 하도록 노력하여야 한다. 그와 함께 정부는 공직의 청렴성을 확보할 수 있는 근본방안을 마련하여 지속적이고 철저한 시행을 도모할 일이며, 국민 역시 공직자에게 독직의 기회를 부여함이 없도록 노력하여야 할 일이다.

바람직한 교육개혁

최근 들어 '교사는 있어도 스승은 없다'거나 심지어 교육망국론敎育亡國論까지 자주 듣게 되는데 매우 서글픈 일이다. 그런 탓이겠지만 역대 정권에서는 나름대로 교육개혁방안을 내놓았고, 최근에는 심지어 '교육개혁전쟁'을 선언하기에 이르렀다.

교육은 사람의 잠재능력潛在能力을 계발하고 인성人性을 함양함으로써 인간으로서 자주적인 생활능력과 민주적 시민으로서의 자질을 기르는 일이기 때문에 그 중요성은 다른 어느 것에도 견줄 수 없이 큰 것이다. 나라의 장래는 교육에 좌우된다고 해도 결코 과언이 아니다. 각국이 효과적인 교육을 위해 심혈을 기울이고 있는 것도 그 때문이다.

교육은 한 마디로 '사람 농사'라고 할 수 있다. 농부는 아무리 급해도 좋은 열매를 따기 위해서는 묵묵히 일하며 그 결과는 쏟는 정성과 땀의 양에 비례한다. 농사는 때를 놓치면 안되는 것은 물론 방치해도 안되지만, 그렇다고 너무 손을 대고 자주 옮겨도 결과가 좋지 않다. 교육을 이끄는 바탕도 근본적으로 다를 것이 없다. 그러므로 실효성이 있는 교육을 위해서는 우리나라 교육을 이끌어갈 뚜렷한 목표를 제시한 후 서둘지 말고 착실하게 실천에 옮겨야 한다.

그러나 정권이 바뀌거나 교육의 책임자가 바뀌면 으레 교육의 큰 가닥이 바뀌고, 그 때문에 교육을 담당하는 교원은 물론 교육수요자인 학부모나 학생들은 갈피를 제대로 잡지 못하는 예가 많고, 막대한 교육 낭비를 가져오게 된다. 우리나라에서는 어찌된 영문인지 교육 하면 으레 학교교육만 생각하고, 모든 교육적 문제를 학교교육을 통해 해결하려 한다. 근대국가에서는 학교교육이 교육의 중추를 이루었지만 학교교육이 교육의 전부는 아니며 또 학교교육에 전적으로 의존할 수도 없다. 비교육적인 가정생활과 사회환경 속에서 학교교육의 정상적인 성과를 기대할 수 없음은 당연한 일이다.

교육은 학교교육, 가정교육, 사회교육이 솥의 삼발三足처럼 균형을 이루어야 비로소 실효를 거둘 수 있는 것이다. 학교교육은 건실한 가정교육과 사회교육의 울타리 안에서만 효과를 기대할 수 있는 것이며, 여기에 우리로 하여금 맹모삼천孟母三遷의 교훈을 되새기게 한다. 그러므로 이제 가정과 사회를 다같이 교육권으로 끌어들여 이들이 삼위일체를 이뤄 교육기능을 수행할 수 있도록 종합대책을 강구해야 하며 여기에 현대교육이 당면한 중요한 과제가 있다.

우리나라의 연간 사교육비는 약 20조원에 달하며 이는 대부분 초·중등학생의 과외비와 촌지의 몫이라고 한다.

정부에서는 과외를 엄히 단속하고 교육비리를 강력히 추방하겠다고 한다. 과거에도 되풀이해 듣던 이야기인 것 같다. 과외와 촌지 비리를 근절하겠다는 거듭된 정부의 노력에도 불구하고 엄청난 사교육비 부담을 초래하는 과외와 촌지가 없어지기는커녕 오히려 커지고 있는 근본원인을 가려볼 필요가 있다.

세상에 존재하는 모든 것은 필요하기 때문에 있는 것이다. 학부모들이 많은 사교육비 지출을 즐겨하는 것은 결코 아니다. 자기 자녀를 더 좋은 대학에 진학시키기 위해서는 학교교육에만 의존하고 있을 수 없기 때문에 과외공부도 시키고 학원에도 보내는 것이다.

문제는 학교교육의 부실不實과 입시제도의 획일성에 있는 것이며 입시의 병목현상이 그것을 더욱 부채질하고 있다. 학교교육을 충실히 하고 대학입시를 학교 특성에 따라 자율화·다양화하며 입시의 병목현상을 막기 위해 입시入試를 학교급별學校級別로 분산할 일이다. 나아가 보통교육은 현대사회가 요구하는 훌륭한 공민으로서 자질을 기르려는 교육목적에 맞도록 조정하고 지나치게 기교적인 교과과정 편성은 피하는 것이 좋다. 학문의 도야陶冶는 고등교육의 몫이기 때문이다. 과외나 촌지 단속도 필요하지만 그에 못지않게 중요한 것은 과외나 촌지의 원인을 치유할 수 있는 방안을 강구하고 실천하는 일이다.

한편 교육은 엄격해야 하는 것으로서 교육의 성과는 교원이 교육을 위해 쏟는 열의와 정성에 비례한다고 해도 과언이 아닐 것이다. 스승의 열성이 제자의 가슴에 전해짐으로써 교육의 참된 효과가 나타나는 것이다. 바로 여기에서 교직敎職과 다른 직업의 차이를 엿볼 수 있으며, 교직을 천직天職이라고도 하고, 스승을 기려 군사부일체君師父一體라고 일컫는 것도 우연한 말장난이 아니다.

교원이 학부모의 눈치를 살피게 되어서는 결코 안되며, 학부모가 교원을 존경하지 않고서도 교육은 꽃을 피울 수 없다. 그런데도 교원은 스스로 교직을 일반적인 직업의 일종으로 생각하여 타성에 젖는다거나, 학생에 대한 약간의 체벌로 인해 학부모의 거센 항의가 일고, 나아가 학생의 성적에 대한 시비是非가 줄을 잇는 오늘의 상황이 곧 촌지비리의 온상이라고 할 수 있다. 결국 학부모와 교원의 공동책임이며 선후를 가리기가 어려운 일인 바, 단속에 앞서 교원의 자질 향상과 학부모의 자숙이 필요하다.

아무튼 교육문제는 교육 당사자들이 교육적으로 풀어야 하며, 행정의 지나친 관여는 오히려 그 자체가 문제의 소지가 될 수 있으므로 신중에 신중을 기할 일이다.

구조조정은 행정기구부터

이제 '구조조정構造調整'이라는 말은 적어도 형식적으로는 상식 수준의 것이 되었고, 그것은 경제적 국난에 처한 우리에게 있어 불가피한 처방으로 받아들여지고 있다. 구조조정이란 낭비적이고 비효율적인 부분을 도려내고 경쟁력을 갖는 실체를 확보하는 일이어서 오늘의 우리에게 절실한 일임에 틀림없다. 그러나 구조조정이 효과를 거두기 위해서는 그에 관한 뚜렷한 비젼이 제시되고 제도적 뒷받침을 확보함으로써 제시된 시책 방향이 흔들림 없이 추진되어야 한다. 그러한 뜻에서라도 구조조정의 핵심적 대상의 하나는 당연히 행정기구行政機構가 되어야 한다. 왜냐하면 행정기구는 가장 비대肥大하고 경직硬直된 기구일 뿐만 아니라, 정부가 처하고 있는 위치 때문에 그 파급효과가 크기 때문이다.

그동안 우리나라에서 정권이 바뀔 때마다 단골 메뉴의 하나가 되어 온 것은 작은 정부를 표방한 정부기구개편이었음은 잘 알려진 일이다. 그런데 이번 새 정권의 출범에 즈음해서도 정부기구 개편과 공무원의 감원을 단행하지 않을 수 없게 되었으니, 그동안의 반복된 정부기구개편이나 행정개혁의 효과를 의심하지 않을 수 없다. 사실 행정기구는 손을 대면 댈수록 커진다는 항간의 말을 실증하듯이 그동안의 정부기구개편은 부처部處만 몇 개 통폐합되었을 뿐 큰 효과가 없었던 것이 사실이다.

참된 구조조정이란 말처럼 쉬운 일이 아니다. 구조조정을 해야 할 입장에 선 사람이나 구조조정을 당하는 측이나를 가릴 것 없이 구조조정은 결코 달가운 일이 아니며, 그 때문에 구조조정 문제만 나오면 자기는 뒷자리로 빠지려 한다. 구조조정이 이처럼 어려운 일이기 때문에 정부가 먼저 과감하게 스스로의 구조조정을 함으로써 구조조정은 이렇게 하는 것이라는 모범을 보일 필요가 있다.

그러나 구조조정 가운데 어쩌면 가장 중요하면서도 가장 어려운 것이 행정기구에 관한 것일지도 모른다. 행정기구는 다른 어떤 대기업과도 견줄 수 없는 방대한 조직이고 오랜 역사성을 가진 것이라는 점 외에도, 전통적인 관료주의로 무장된 가장 경직된 조직이기 때문이다. 이러한 행정기구에 대한 과감한 구조조정 없이 민간 부문의 구조조정만을 채근하는 것으로는 구조조정의 참다운 효과는 기대하기 어려울 것이다.

새 정부가 단행한 정부기구 개편과 공무원 감축을 위한 노력이 다시 전철前轍을 밟는 것이 되어서는 아니될 일이다. 우리에게는 지금 실패를 되풀이하고 있을 시간이 없다. 그러한 뜻에서 당면한 구조조정을 이끌어갈 행정기구의 개혁과 관련하여 몇 가지 기본적인 문제를 짚어보고자 한다.

첫째로, 행정에 관한 구조조정을 위해서는 먼저 전통적인 행정에 대한 관념이 바뀌어야 한다. 영국을 비롯한 OECD국가에서 볼 수 있는 바와 같이 전통적인 행정은 공경영公經營에로 관념의 전환을 꾀함으로써 추상적인 공익에의 봉사로부터 구체적인 행정수요자에 대한 봉사에로 틀을 다시 짜고, 효율성과 경제성을 앞세우는 기구로 다시 낳아야 한다.

둘째로, 행정편의주의를 과감히 차단해야 한다. 관료집단은 행정 수요자보다는 행정의 편의를 앞세움으로써 각종 규제規制를 양산量産하고, 전통적인 행정에 안주安住하려는 타성惰性이 강한 것이 사실이다. 그 때문에 각종 경제활동과 경쟁력의 발목을 잡는 과잉규제가 행해지고, 규제완화노력에 대한 부처이기주의적部處利己主義的인 저항이 따르는 것이다. 그 뿐만이 아니다. 일제 식민지 통치 아래에서의 행정조직이 21세기를 눈앞에 둔 지금도 그대로 답습되고 있으며, 정부기구개편이 있어도 부처만 몇 개 통폐합될 뿐, 행정조직의 기본적인 틀은 그대로이다. 각 부처의 행정기구만 보더라도, 중첩重疊된 복수複數 보조기관제도를 취함으로써 장관, 차관, 차관보, 국장, 과장 그리고 일반직원의 순으로 길다란 계선형系線型 조직으로 되어 있어서 장관이나 차관의 결재를 받기 위해서는 그 많은 단계를 하나하나 기어 올라가야 하는 낭비와 비능률을 반복해야 한다. 이야말로 구조조정이 시급한 부문이라고 아니할 수 없다. 행정 수요자의 입장에서 수긍할 수 있는 능률성,

책임성 및 투명성이 보장될 수 있도록 전통적인 행정조직에 대한 개혁과 함께 과단성 있게 민간民間에의 위임행정委任行政을 확대할 일이다.

셋째로, 낡은 관료주의의 폐습에서 깨어나는 일이다. 직업공무원은 강한 신분보장을 방패로 무사안일無事安逸의 타성에 젖기 쉽고, 행정의 기술성을 내세워 획일적이고 현상유지적인 행정에 안주하려는 경향이 강하다. 1963년말에 제정된 공무원 직위분류법職位分類法의 시행전 폐지는 물론, 지방이나 하부기관에 권한이 이양되면 당연히 그 사무를 담당했던 기구나 인원은 감축되어야 하는데도 권한만 이양되고 기구나 인원은 그대로 유지되는 것 등은 그 좋은 예이다. 따라서 공무원의 책임에 관한 장치를 확보함과 동시에 연공서열年功序列 보다도 능력과 실적을 중시하는 인사제도에의 전환이 고려될 일이다.

관료조직의 획기적인 개혁 없이 민간부문의 구조조정만을 강조하는 것은 앞뒤가 맞지 않는 일이며 설득력이 없을 것이다.

21세기를 맞는 법조法曹

파란波瀾 많던 20세기를 뒤로 하고 21세기의 막이 올랐다. 21세기에 들어섰다고 해서 해가 서쪽에서 뜬다거나 하루가 25시간이 되는 것도 아니고 예나 변함없는 하루요 일년이지만 한 세기의 획을 넘는다는 것은 의미를 부여할 만한 일임에 틀림없다. 더욱이 좋았든 싫었든 지난날을 청산하고 새로운 날을 위한 설계와 다짐을 하는 것은 값있는 일이라고 할 수 있다. 그런 뜻에서 법조생활에 몸담고 있는 한 사람으로서 새로운 세기의 법조法曹에 대한 기대期待가 없을 수 없는 것은 당연한 일이라고 하겠다.

사회의 모든 분야가 마찬가지겠지만, 특히 법조는 깊이 있는 전문지식專門知識과 올곧은 양심으로 높은 신뢰信賴를 유지할 수 있어야 한다. 신뢰는 법조의 생명이라고 해도 결코 과언이 아닐 것이다. 법조에 대한 굳은 신뢰가 있을 때 비로소 어김없는 준법遵法을 기대할 수 있고, 검찰의 결정이나 법원의 판결에 대한 자연스런 승복承服이 따르는 것임은 다시 말할 나위조차 없는 일이다. 변호사의 경우도 예외일 수 없음은 물론이다. 신뢰할 수 없는 변호사에게 안심하고 사건을 맡긴다거나 허심탄회虛心坦懷하게 자기의 문제를 상의할 수 없을 것임은 뻔한 노릇이다. 그러므로 법조로서는 새로운 세기를 맞아 무엇보다도 그에 대한 신뢰를 제고할 수 있도록 노력하는 것이 첩경이라고 할 것이다.

문제는 신뢰제고信賴提高를 위한 방편이다. 그동안에 보면, 신뢰제고라고 하면 으레 제도개선이니 개혁이니 하는 방법을 우선시켰던 것이 사실이다. 그러나 제도는 사람이 운용運用하기에 따라 신뢰를 낳을 수도 있고 잃게 할 수도 있는 것인데도, 무슨 일만 났다 하면 말못하는 제도 탓으로 돌리고, 제도를 뜯어고치는 것을 능사로 삼는다. 물론 제도를 보다 합리적으로 개선하면 신뢰제고에 어느 정도 기여할 수 있는 면도 있다. 그러나 아무리 훌륭한 제도를 만든다고 하더라도 그 운용이 잘못된다거나 운용하는 사람의 자질이 미치지 못하면 신뢰제고의 효과를 기대할 수 없을 것이다.

법조는 법을 다루는 전문직에 속한다. 신뢰제고를 위한 해답은 바로 그러한 법조의 뜻에서 쉽게 찾을 수 있을 것이다. 먼저 법조는 전문직종에 속한다. 전문직에 종사하는 사람은 무엇보다도 자기가 하는 일에 대한 깊은 전문지식을 갖추어야 하고, 그 일에 고도로 전문화되어야 하는바, 여기에 '전문직'professional이라고 일컫는 의미가 있는 것이다. 만일 법조인法曹人이 법에 대한 전문적인 지식이 부족하고 급변하는 사회적 수요에 적절히 대응할 만한 능력이 미치지 못한다면 법조에 대한 신뢰를 기대하기 어려울 것이다. 며칠 전에 사법시험의 최종합격자 발표가 있었고, 801명이라는 많은 수의 젊은이들이 합격의 영광을 안았다. 축하할 일이다. 그러나 수석합격자의 평균점수가 63점대라고 하니, 801명을 합격시키기 위한 합격선이 몇점 정도일지는 쉽게 짐작할 수 있는 일이어서 한편으로는 서글픈 생각마저 들지 않을 수 없다. 양과 질은 반비례 관계에 있는 것이 보통이지만, 법조인의 자격을 부여하기 위한 과정이 이처럼 질 보다도 양에 치우치고 있는 것은 전문직의 본질을 망각한 일이고, 법조의 신뢰를 떨어뜨리는 결과로 이어진다고 하지 않을 수 없다. 더욱이 닥아올 법조시장 개방을 생각한다면 법조인의 전문지식을 함양함으로써 경쟁력과 신뢰를 제고하는 것이 절실한 당면과제라고 할 것이다.

다음으로, 법조인은 법을 다루는 사람이므로 그 점에서 생각할 수 있는 것은 양심의 문제이다. "법관은 헌법과 법률에 의하여 그 양심에 따라 독립하여 심판한다"라고 한 헌법 제103조의 규정을 들출 것도 없이, 법조인에게 있어서 '양심良心'은 생명과 같은 것이다. 흔들림 없고 올곧은 양심이 요구되는 것은 법관法官에 한하는 일이 아니고 모든 법조인에게 공통되는 일이다. 흔히 '법'을 나타낼 때 상징적으로 '저울'을 들지만, 법의 운용이야말로 곧은 양심에 따른 공평함이 요구되는 것이어서 권력이나 금력 등에 의하여 양심에 어긋나는 법의 운용이 있다면 그러한 법의 운용을 신뢰할 수 없는 것이다. 원인이야 어찌되었든 지난 해에 있었던 검찰수뇌에 대한 탄핵소추彈劾訴追의 발의는 검찰뿐만 아니라

온 법조가 자성自省을 거듭할 일이라고 하겠다.

    21세기에 접어들면서 우리 법조는 투철한 직업의식으로 몸단장을 다시 함으로써 대내적으로는 신뢰를 제고하고, 대외적으로는 경쟁력을 진작할 수 있는 계기가 되어야 할 것으로 믿는다.

글을 맺으며

　겨울 가뭄이 퍽 오래 계속된 탓으로 농촌에서는 농사철을 앞두고 걱정이 태산 같고, 강원도 동남부지방은 식수마저 댈 수 없는 사정에 놓여 있다는 보도가 계속되던 차에 어제는 제법 비다운 비가 내려 그런대로 마음이 가벼워졌다. 비가 안 오면 안 온대로, 비가 너무 많이 오면 많은 대로 걱정이지만, 그것이 사람의 손이 닿지 않는 일이니 그저 푸념만 할 뿐이다.
　글이랍시고 써 본 것이 모두 그때그때의 푸념을 늘어놓은 꼴이 되었다. 하기야 사람이 푸념기만 빠져도 한 소식 한 근처에는 다가간 셈이니 그것이 어디 그리 쉬운 일인가? 애당초 글을 써 보려고 마음먹은 자체가 치기稚氣어린 일임을 이제라도 알게 되었으니 다행스런 일이다. 알고 보면, 글이라는 것이 아무리 잘 써 봤자 글의 한계를 벗어날 수는 없는 것이어서 속살을 건들이지는 못한다. 원래 말이란 것이 수박 겉핥기 같은 것인데, 그것을 다시 한정된 문자로 표현한 것이야 더 말할 것이 없다. 그래서 선사禪師들이 말을 아끼고 붓을 꺾은 것 아니겠는가?

●

　후회後悔는 앞에 오지 않는대서 붙인 이름이지만, 그나마 안하는 것보다는 나을 것 같다. 봄비가 촉촉이 내렸으니 몇 차례 눈만 감았다 뜨면 싱그러운 새싹이 고개를 내밀어 눈부신 햇살을 즐길 것이고, 마른 나뭇가지에서 움트는 소리가 진동할 것이니 그대로 보고만 있으면 그곳에 제대로의 글이 있지 않겠는가!